Sibylle, Rebekka & Michael Maag

# VERTIKALES GEMÜSE

# VERTIKALES GEMÜSE

20 DIY-PROJEKTE FÜR
ESSBARE MINIGÄRTEN

KOSMOS

# INHALT

## 6 Grundlagen

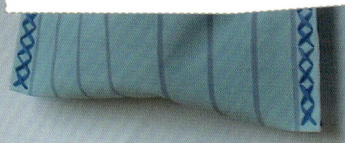

GRUNDLAGEN

## SPASS, GENUSS UND DESIGN

Frisches, biologisches Gemüse direkt vom Balkon und der
Terrasse aus dem eigenen DIY-Projekt.

———

# Gemüseanbau in der Vertikalen

Seit über 10 Jahren beschäftigen wir uns mit vertikalem Gärtnern.
Denn zwei Dinge kann man nicht endlos vermehren: Zeit und Raum.
Bevor es in die Projekte geht, noch ein paar praktische Details.

Während das Grün zurückweicht, leben immer mehr Menschen auf immer geringerem Raum. Es wird höchste Zeit, die Vertikale mit Nutzpflanzen für Mensch und Tier zu erobern, um uns das Grün zurückzuholen!

## MATERIALIEN

DIY-(Do It Yourself)Projekte haben den Charme, dass man vorhandenes Material wiederverwenden kann. So wird jedes Projekt ganz individuell. Der Kreativität sind keine Grenzen gesetzt. Wichtig dabei ist, dass man keine Materialien zum Anbau von Gemüse verwendet, die Weichmacher oder andere schädliche Stoffe enthalten. Folienstücke zum Auskleiden von Töpfen nimmt man zum Beispiel am besten aus dem Lebensmittelbereich, wie gebrauchte Brotzeittüten oder Gefrierbeutel. Unsere Haushalte sind voller toller Sachen, die wir verwenden können.

## STANDORT

Vertikal gärtnern kann man überall: in der Stadt, auf dem Land, im Garten, auf dem Balkon oder auf der Terrasse. Damit Gemüse gedeiht, braucht man allerdings einen sonnigen, halbschattigen oder absonnigen Standort. Jede Pflanzenart hat ihren Lieblingsstandort. Während Tomaten gerne an einer warmen Hauswand stehen, werden Salate lieber im etwas kühleren Halbschatten groß. Deshalb ist es wichtig, die Anforderungen seiner Pflanzen zu kennen.

Unter einem sonnigen Standort versteht man einen Platz, auf dem den ganzen Tag Sonne einfällt. Plätze, die im Halbschatten liegen und noch für Gemüseanbau tauglich sind, bekommen etwa sechs Stunden Sonne am Tag. In schattigeren Ecken eignet sich Mikrogemüse, also Gemüse, das sehr jung geerntet wird.

**1.** Mit einfachen Tricks kann man sich seine eigene Bewässerung basteln. Dieser kleine Wasserspeicher funktioniert nur mit bereits feuchter Erde.

**2.** Blähton eignet sich als leichte Dränageschicht.

Für die meisten Halbschattenpflanzen ist Morgensonne verträglicher als Nachmittagssonne, denn in der Früh ist das Verbrennungsrisiko geringer, da die höhere Luftfeuchtigkeit einen Teil der Hitze kompensiert. Unter einem absonnigen Bereich versteht man meist einen hellen Platz, der allerdings keine direkte Sonneneinstrahlung bekommt. Man kann den Pflanzen nicht immer ihren Idealstandort bieten, aber umso mehr man auf seine Pflanzen eingeht, desto höher sind auch die Ernteerfolge.

Das Kleinklima an einem Standort wird durch Sonne und Wind stark beeinflusst. Bei Extremstandorten, wie zum Beispiel auf einem Südbalkon, kann man an heißen Sommertagen mit einer Markise oder einem Sonnenschirm für ein ausgeglicheneres Klima sorgen. Bei stehender Luft sammeln sich schneller Schädlinge an oder es bilden sich Krankheiten wie Mehltau. Pflanzen benötigen eine gute Belüftung und die Bewegung durch Wind, besonders wenn es sich dabei um selbstbestäubende Arten wie Mais oder Tomaten handelt. An sehr zugigen Stellen sollte jedoch ein Windschutz aufgestellt werden. Generell müssen die DIY-Konstruktionen Erde, Wasser sowie die Bepflanzung auch bei Wind halten können. Wandbefestigungen sollten mit guten Dübeln oder Schrauben angelegt werden.

## BEWÄSSERUNG

Pflanzen brauchen Liebe und Aufmerksamkeit. Die meisten Gemüsearten benötigen mehr Wasser als Blumen und Kräuter. Besonders größere Gemüsepflanzen können Wasserschlürfer sein, weshalb der Anbau von Gemüse in vertikalen Projekten ein wenig zeitaufwändiger ist als der Anbau von Kräutern.

### Menge

Nicht immer lässt sich auf den ersten Blick erkennen, ob die Pflanzen Wasser benötigen. Gemüsepflanzen wie Kohl lassen sich als Hitzeschutz an sonnenreichen Tagen gerne hängen, obwohl die Erde feucht ist. Nach einem heißen Tag sollte man seine Pflanzen deshalb immer mit der Fingerprobe kontrollieren. Hierzu steckt man die Finger mindestens 2 cm in das Erdreich. Fühlt sich die Erde trocken an, sollte gegossen werden. Wer sich mit seinen Pflanzen beschäftigt, wird schnell ein Gefühl dafür entwickeln, wie viel Wasser sie wann benötigen –

am besten erlernt man das Gärtnern durch Erfahrung aus der Praxis und durch Beobachtung.

## Zeitpunkt

Gießen sollte man morgens und abends. Morgens sollte man allerdings darauf achten, dass auf den Blättern möglichst wenig Wassertropfen stehen bleiben, da die Lichtbrechung bei Sonnenschein die Blätter verbrennen könnte und so unschöne braune Flecken entstehen. Bei höheren oder leicht schräg hängenden Gefäßen ist eine Sprühflasche zum Gießen praktisch, denn bei trockener Erde perlt Wasser leichter ab. Da Gemüse Aufmerksamkeit benötigt, ist es besser, die Pflanzen auf einer noch gut erreichbaren Höhe zu haben.

## Dränage

Bei Topfpflanzen ist ein Ablauf wichtig, denn durch Regen können die Pflanzen schnell in Staunässe stehen und die Wurzeln beginnen zu faulen. Da einige vertikale Projekte aber keinen Ablauf bieten können, muss man hier vorsichtiger gießen. Bei tieferen Gefäßen ist daher eine Dränage sinnvoll. Hierzu füllt man das Gefäß zu einem Drittel mit leichtem Blähton und legt ein Gartenvlies ein, damit sich Erde und Dränageschicht nicht vermischen.

## Im Urlaub & Winter

Wer im Sommer in den Urlaub fährt, sollte Nachbarn aktivieren oder in ein automatisches Bewässerungssystem investieren. Überwinternde Pflanzen, also mehrjährige Gemüsesorten wie Grünkohl, brauchen auch im Winter Wasser. Damit Wintergemüse auf einem Balkon oder der Terrasse gut durchkommt, muss es entsprechend mit Gartenvlies oder Schnee vor Bodenfrost und Wintersonne geschützt werden und benötigt ein Gefäß mit größerem Erdvolumen.

## TIPP

Je kleiner das Erdvolumen, desto schneller trocknet das Erdreich aus. Ein kleineres Erdvolumen als in den vorgeschlagenen Projekten ist deshalb nicht empfehlenswert.

Ein sonniger Platz mit einem Projekt, das von sich aus Schatten wirft.

## SUBSTRATE

„Du bist, was du isst" gilt auch für Pflanzen! Nur wer gute Nährstoffe und Mineralien bekommt, wächst auch gesund. In der Erde stecken das Leben und der Geschmack der Gemüse, deshalb ist die Investition in die Erde und die Düngung mitunter die wichtigste. Gerade in vertikalen Systemen, in denen das Erdvolumen geringer ausfällt, sollte man zu guten Substraten greifen, um für Ausgleich zu sorgen. Das Erdvolumen, in dem die Pflan-

zen gedeihen, lässt sich oft von der Größe der erwachsenen Pflanze herleiten. Ein 8 cm dick werdender Kohlrabi benötigt mehr Erde und Wasser als sein 5 cm dicker Kohlrabi-Kollege einer anderen Sorte. Unser 8 cm großer Kohlrabi wird zwar auch in einem kleineren Erdvolumen seine Knolle bilden, kann sich aber nicht so entfalten, wie er es sollte.

### Eigene Erde herstellen

Wer Erde für sein vertikales Projekt aus dem Kompost oder

**1**

## TORFFREIE ERDE KAUFEN

Für Gemüsepflanzen kauft man am besten auch Gemüseerde. Für manche Gemüsepflanzen gibt es spezielle Erden, wie Tomatenerde, aber Gemüseerde kann auch mit entsprechendem Dünger aufgewertet werden und ist eine gute Universallösung. Gekaufte Erden sind normalerweise vorgedüngt, weshalb man nicht direkt nach dem Pflanzen düngen muss. Die Erde sollte torffrei sein oder Torfersatzstoffe enthalten. So schützt man die schwindenden Torfmoore und hat einen großen Vorteil bei der Bewässerung: Wenn Torf erst einmal ausgetrocknet ist, nimmt er nur noch schwer Wasser an, was in der Vertikalen ein Problem darstellen kann.

Garten entnehmen kann, darf dies gerne tun. Eine krümelige Struktur und Faseranteile sind gerne gesehen. Schwerer Ton- oder dichter Lehmboden ist nicht geeignet. Frischer Kompost sollte gemischt werden. Mischen Sie dazu ⅓ Gartenerde, ⅓ Sand und ⅓ Kompost. Dies gilt für alle Gemüsepflanzen. Um die Nährstoffbedürfnisse von Mittel- und Starkzehrern zu erfüllen, wird mit Flüssigdünger während der Saison nachgedüngt.

### PFLANZ(EN)TIPPS

Die Freude ist groß, wenn man sein liebevoll gestaltetes Pro-

**2**

1. Dichtere Wurzelballen mit Kreiswuchs vor dem Einpflanzen immer lockern.
2. Die Qualität von gekauften Jungpflanzen lässt sich bereits im Laden erkennen.

jekt fertig gebaut hat und sich die ersten Pflanzen dafür aussucht. Man setzt sie glücklich in die Erde und träumt vom ersten Wachstumsschub und den darauf folgenden Ernten. Doch dann, eine Woche später, ist die Jungpflanze abgestorben. Was ist passiert? Stand die Jungpflanze in Staunässe? Wurde sie überdüngt?

### Pflanzen kaufen

Die häufigste Ursache für sehr schnell erkrankte Pflanzen entsteht bereits im Laden. Nicht alle Schäden sind sofort ersichtlich, aber es lohnt sich, die Jungpflanzen vor dem Kauf genau zu betrachten. Der erste Blick sollte auf die Blätter fallen. Wenn hier Schimmel, viele welke oder gelbe Blätter zu erkennen sind, greift man besser zu einer anderen Pflanze. Der zweite Blick fällt auf den Wurzelballen. Die meisten Jungpflanzen stecken in Torfballen und wenn dieser trocken ist, sollten die Pflanzen besser wieder ins Regal zurückwandern.

### Pflanzen setzen

Zum Setzen der Pflanzen ist es ungemein wichtig, dass der Torfballen ausreichend feucht ist. Am besten lässt man die Pflanzen sich eine Stunde lang in Wasser vollsaugen. Der Wurzelballen größerer Jungpflanzen, die mit ihren Wurzeln den kompletten Wurzelraum im Topf erobert haben, muss gelockert werden, damit die Wurzeln leichter in das neue Erdreich wachsen. Hierbei darf maximal bis zu einem Drittel des Wurzelballens entfernt werden. Danach müssen die Pflanzen gut festgedrückt und angegossen werden, damit um die Pflanzenwurzeln herum keine Hohlräume bleiben. An heißen Tagen sollten die Jungpflanzen vor zu viel direkter Sonne mit einem Sonnenschirm o. Ä. geschützt werden.

## DÜNGUNG

Viele denken an Wassermangel, wenn sie an ihren Pflanzen gelbe Blätter entdecken. Fehlende Nährstoffe können jedoch ebenso gelbe und braune Blätter verursachen. Gemüse braucht viel gesunde Nahrung, um selbst gesund und schön zu wachsen. Aber Achtung, zu viel Dünger kann schaden und nicht jede Pflanze ernährt sich gleich.

### Flüssige und feste Nahrung

Starkzehrende Pflanzen wie beispielsweise Tomaten, Paprika, Gurken und Zucchini lieben Nährstoffe, deshalb werden sie am einfachsten einmal wöchentlich mit Flüssigdünger versorgt. So kann akuter Nährstoffbedarf schnell gedeckt werden. Langzeitdünger in Form von Kügelchen, Düngekegeln und -stäbchen sind ebenfalls sehr praktisch im vertikalen Bereich, um den Hunger der Pflanzen zu stillen. Wie oft gedüngt werden muss, hängt von der Stärke des Düngers ab, hier sind die Herstellerangaben zu beachten. Generell kann man sagen, dass Gemüse in Töpfen alle ein bis drei Wochen gedüngt werden muss. Hier gilt die Faustregel: Starkzehrer einmal wöchentlich, Mittelzehrer alle zwei Wochen, Schwachzehrer alle

drei Wochen. Dies trägt man sich am besten im Kalender ein. Einjähriges Gemüse kann man bis zum Saisonende düngen, bei mehrjährigem Gemüse sollte im August Schluss sein, da die Pflanzen sonst frostempfindlicher werden.

### Kompost

Neben den vertikalen Pflanzprojekten gibt es tolle Ergänzungen, wie man mit DIY auch auf Balkon und Terrasse biologisch gärtnern kann: Kompostwürmer wandeln Abfälle in wertvolle Wurmkom-

# KOMPOSTWÜRMER

Nicht alle „regen Würmer" eignen sich gleichermaßen zur Erzeugung von Kompost, weshalb man spezielle Kompostwürmer im Internet bestellen kann. Würmer schlafen nicht und sind 24 Stunden am Tag für uns tätig, aber je nach Jahreszeit und Witterung legen sie eine Ruhepause mit einer Kälte- oder Wärmestarre ein. Ein Wurm atmet durch die Haut und hat mehrere Herzen. Und nein, ein geteilter Wurm ist leider auch ein ziemlich toter Wurm. Würmer sind sehr lichtempfindlich! Also Achtung: Die Wurm-Farm sollte nicht in der Sonne stehen. Wer die Wurm-Farm in den Keller stellt, sollte die Luftlöcher mit Fliegengitter versehen, um eine Fruchtfliegeninvasion zu vermeiden. Bei Frost sterben die Würmer, die Kokons sind aber frostunempfindlich und die Jungen besiedeln den Wurmkompost neu.

post-Erde um, ab 20 Tieren kann die rechts vorgestellte Wurm-Farm losgehen.

**Was den Würmern schmeckt:** Gemüseabfälle, Obstreste, Kaffeesatz, Teebeutel, Blätter, Zeitungspapier, Karton, wenig Holzspäne und klein gedrückte Eierschalen

**Was nicht hinein darf:** Gekochtes, Gewürztes, Gesalzenes, Fleisch, Knochen, Blätter von Nussbäumen und Eiche, Milchprodukte, Farbdruck- und Hochglanzpapier, Zitrusfrüchte, Gespritztes, Konserviertes, Tierkot

# WURM-FARM

Man braucht 4 gleiche Eimer mit Abstandhalter oder Holzklötzchen zum Abstandhalten, 1 Deckel, Bohrer (4 mm), Schablone (bei Bedarf), Kompostwürmer.

**1.**
Drei von vier Eimern erhalten am oberen Rand mit Hilfe des Bohrers eine Reihe von Luftlöchern. Mit einer Schablone lässt sich ein Muster wiederholen.

**3.**
Darauf folgt eine Lage zerrissene Pappe. Die nächste Schicht sind trockene Blätter.

**2.**
Der Boden von drei Eimern wird durchlöchert. Der erste gelöcherte Eimer wird anschließend in den dichten Auffangeimer gestellt. Über die Löcher kommt etwas Zeitungspapier.

**4.**
Die folgende Lage besteht aus Papierschnipsel, ohne Farbe und Hochglanz. Auf diese Grundlage kommen zwei Hände voll klein geschnittene Küchenreste.

**5.**
Nun kommen die Kompostwürmer dazu und der Deckel wird aufgesetzt. Man füttert einmal wöchentlich mit einer Hand voll Küchenresten. Das Material sollte immer leicht feucht gehalten werden. Nach vier Wochen wird der zweite Eimer aufgesetzt und nach weiteren vier Wochen der dritte – die Würmchen können zwischen den Ebenen wechseln. Nach etwa 12 Wochen kann man den ersten Eimer mit fertigem Kompost entnehmen und neu befüllen. Auf diese Weise entnimmt man alle vier Wochen den jeweils ältesten Eimer und befüllt ihn neu mit Papier, Pappe, Blättern und Futter.

1. Papierrollen für die Anzucht vorbereiten.

2. Junges Gemüse, bereit zum Umpflanzen.

## JUNGPFLANZEN-AUFZUCHT

Im Frühjahr, wenn einen das Pflanzfieber erst erfasst hat, wirkt plötzlich alles wie eine Pflanzschale und bevor man sich versieht, ist die Holzverpackung vom Camembert mit Kresse bepflanzt. Es gibt viele Möglichkeiten, Jungpflanzen anzuziehen. Hier ein paar praktische Beispiele.

### Jungpflanzen in Papprollen

Ein einfacher Klassiker, um Jungpflanzen am Fensterbrett zu ziehen.

**Schritt 1** Halbieren Sie Klopapierrollen und befüllen Sie diese mit Anzuchterde. Anschließend wird Saatgut ca. 1 cm tief gesteckt oder Jungpflanzen pikiert (Pikieren ist das Vereinzeln von Keimlingen). Danach müssen die Rollen feucht gehalten werden.

**Schritt 2** Wenn die Jungpflanzen gewachsen sind und man unten beim Hochheben die ersten Wurzeln sieht, können die Pflänzchen an ihren zukünftigen Standort. Einfach mit der Pappe einpflanzen, diese wird sich im Erdreich auflösen.

2 | 1

2

## Jungpflanzen in PET-Flaschen mit Dränage

Eine einfache Idee, einzelne Pflanzenlieblinge feucht zu halten und PET-Flaschen zu recyclen.

**Schritt 1** Halbieren Sie eine 0,25-Liter-PET-Flasche und füllen Sie den unteren Teil zur Hälfte mit Blähton. Legen Sie hier keine Trennschicht ein. Den restlichen Teil der unteren Hälfte mischen Sie mit Erde und Blähton.

**Schritt 2** Stecken Sie den Flaschenhals ohne Deckel in den Flaschenboden und füllen Sie den oberen Teil mit Erde. Gießen Sie Wasser ein, bis Sie es unten sehen können. Die Jungpflanze wächst mit ihren Wurzeln in den unteren Bereich und kann sich aus dem kleinen Reservoir Wasser holen, ohne ganz in Staunässe zu stehen.

**Tipp** Die Jungpflanzen nicht zu lange in den Anzuchtstationen lassen, denn es wird ihnen über kurz oder lang an Nahrung und Raum für die Wurzeln fehlen. Sollte das Blattwachstum stagnieren, ist es höchste Zeit zum Umtopfen.

**1.** Mit Blähton zunächst eine Dränage anlegen und mit Erde auffüllen.

**2.** Die Jungpflanzen werden durch den unteren Bereich mit Wasser versorgt.

1

2

**1.** Die kleine Flaschenbewässerung funktioniert nur, wenn der Faden immer feucht ist.

**2.** In der Anzuchtleiter kann junges Gemüse auf vielfältige Weise großgezogen werden.

### Jungpflanzen in Flaschen mit Fadenbewässerung

Eine witzige Idee, um einen kleinen Wasserspeicher zu integrieren.

**Schritt 1** Halbieren Sie eine 1,5-Liter-PET-Flasche und durchstoßen Sie mit einem Messer den Deckel der Flasche. Führen Sie einen wasserleitenden, ca. 20 cm langen Baumwollfaden halb durch das Loch.

**Schritt 2** Stecken Sie den Flaschenhals in den Flaschenboden und füllen Sie den oberen Teil mit Erde. Der untere Bereich kann mit Wasser gefüllt werden. Gießen Sie die Erde gut an. Der Faden muss immer feucht bleiben. Auf die tägliche Kontrolle mit der Fingerprobe sollte nicht verzichtet werden.

### ANZUCHTLEITER

Um Jungpflanzen aufzuziehen, benötigt man Platz und eine warme, windgeschützte, sonnige Stelle. Damit man im Frühjahr genau an so einem Ort alles unterbekommt, eignet sich eine

Leiter hervorragend. Diese kann man nach der Jungpflanzenzeit leicht wieder wegräumen.

## Materialbedarf

Alles, was man dazu benötigt, sind eine stabile Leiter und Holzbretter, die zwischen die Stufen passen. Die Bretter sollte man mit einem wetterfesten Holzlack anstreichen. Für jemanden, der eine alte Leiter wieder auffrischen möchte, haben wir einen tollen Tipp: Wir verwendeten für unsere Aluminiumleiter Metallschutzfarben Brantho-Korrux „3 in 1".

## Regen- und Kälteschutz

Bei kühlem Wetter oder starkem Regen kann die Anzuchtleiter zum Schutz der jungen Pflänzchen mit einem leichten Gartenvlies oder einer lichtdurchlässigen Folie umhüllt werden. Beides sollte bei Wind gut befestigt sein. Man kann mit einem Regenschirm, der mit Kabelbindern fixiert wird, einen kleinen, praktischen Abstand zwischen die Pflanzen und die Folie bringen und sich so den Zugang zu seiner Anzuchtstation erleichtern.

**1**

**2**

**3**

**1.** Wir haben unsere alte Aluminiumleiter mit grauer Metallschutzfarbe aufgepeppt.

**2.** Auf den Regalböden werden die Jungpflanzen platziert.

**3.** Gegen Nässe und Kälte sorgen ein Gartenvlies und ein durchsichtiger Regenschirm für Abhilfe.

**1**

## SCHÄDLINGE & KRANKHEITEN

Damit ein Ökosystem funktioniert, benötigt man alle Puzzleteile. Die Natur ist ein komplexes, dynamisches System, das neben den Spielern auch seine Gegenspieler braucht. Nicht alle Gärtner sind sich eines einfachen Zusammenhanges bewusst: Ohne Schädlinge gibt es auch keine Nützlinge. Ohne Nützlinge keine Bestäubung. Ohne Bestäubung keine Früchte. Ohne Früchte keine Samen und Sämlinge. Ohne Sämlinge brachliegendes Land. Von solchen Zusammenhängen gibt es jede Menge. Oft endet unser Tun darin, dass der Mensch in eine Situation eingreifen muss, in die er sich selbst gebracht hat. Wer Gift spritzt, tötet beide Seiten der Medaille und wird weiter spritzen müssen, um die Rolle der getöteten und verhungerten Nützlinge zu übernehmen. Fressfeinde, gesunde Pflanzen am richtigen Standort und resistente Sorten sind die Ideallösung.

### Raupen

Hier sind vor allem die Raupen der Kohlweißlinge gefürchtet, die sich gerne an Kohlarten niederlassen und nichts außer ein paar Rippchen übrig lassen. Leider wird oft das sehr helle Weibchen des Zitronenfalters mit ihnen verwechselt. Kohlpflanzen mit feinem Netz schützen, Raupen absammeln und Nistkästen für Vögel aufhängen hilft auf natürliche Weise gegen Raupen. Und eines ist gewiss: Wer Schmetterlinge sehen will, muss auch die Raupen am Leben lassen!

### Schnecken

Bereits an gekauften Jungpflanzen können Schneckeneier hängen. Man kann also selbst auf Balkonen Schneckenbesuch haben. Sie ernähren sich hauptsächlich von vergehendem Material. Welke und gammelige Blätter sollten Sie deshalb immer entfernen, da Schnecken einen guten Geruchssinn haben. Am besten sammelt man sie ab.

### Blattläuse

Idealerweise werden sie mit ihren natürlichen Fressfeinden bekämpft (siehe Seite 22). Sollten sie überhandnehmen, kann man sie mit den Fingern vorsichtig zerdrücken oder sie mit einem festen Wasserstrahl absprühen.

### Minierfliegen

Findet man in seinem Blattgemüse kleine Fraßgänge,

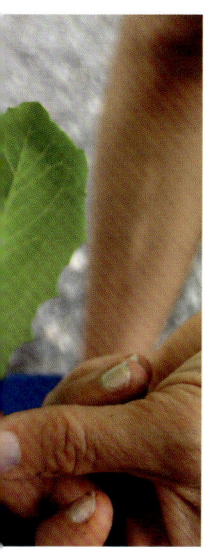

**1.** Fraßgänge der Minierfliege.
**2.** Auch die Vertikale ist vor Schädlingen nicht sicher. Rechtzeitiges Eingreifen durch regelmäßige Kontrollen verhindert größere Schäden.

hat man wahrscheinlich Minierfliegen. Diese befallenen Blattteile reißt man ab und zerdrückt sie. Danach die Pflanzen mit Gartenvlies schützen.

### Spinnmilben

Bei feinen Gespinsten und kleinen weißen Punkten handelt es sich um Spinnmilben. Sie mögen es trocken und warm, weshalb man sie durch regelmäßiges Wassersprühen wieder vertreiben kann.

### Echter Mehltau

Graue Flecken durch Pilzbefall meist auf der Blattoberseite. Tritt bei trocken-warmer Witterung auf. Befallene Blattteile entfernen und resistente Sorten auswählen.

### Falscher Mehltau

Graue Flecken durch Pilzbefall meist auf der Blattunterseite. Tritt bei feucht-warmer Witterung auf. Für gute Belüftung sorgen, befallene Blattteile entfernen und Pflanzen eventuell überdachen.

### Braunfäule

Braune Flecken auf Blättern, Stängeln und Früchten. Tritt bei zu feuchter Witterung oder mit Wasser benetzten Blättern auf. Für Überdachung mit guter Belüftung sorgen. Nicht auf Blätter gießen, niedrig stehende Blätter mit Erdberührung und befallene Blätter entfernen.

### Schimmel

Grauer Belag auf bereits vorgeschädigten oder abgestorbenen Pflanzenteilen oder bei viel zu feuchten Pflanzen und feuchter Witterung. Betroffene Teile der Pflanze sorgfältig entfernen, eventuell die Dränage überprüfen und den Standort überdachen.

## MARIENKÄFER & CO

Durch die Industrialisierung hat die Artenvielfalt stark gelitten. In privaten Gärten, genauso wie in der Stadt, liegt die Zukunft der Vielfalt. Jeder kann etwas dazu beitragen! Ganz egal, wie groß der Platz ist, in unserer eigenen, kleinen ökologischen Nische ist immer Raum für Leben, Ideen und Kreativität. Nützlinge sind dabei unsere natürlichen Helfer. Sie ernähren sich von Schädlingen oder bestäuben unsere Pflanzen. Um eine Vielfalt an Nützlingen zu erhalten, braucht man die richtigen Nahrungspflanzen, Zugang zu Wasser, Unterschlüpfe und Geduld. Die größte Gefahr für Nützlinge ist die menschliche Ungeduld, denn um Nützlinge anzusiedeln, darf man Schädlinge vorher nicht restlos beseitigen. Gemüse, die Nektar für Nützlinge bieten: Erbsen, Buschbohnen, Feuerbohnen, ältere Sorten von Gurken, Peperoni, Paprika, Tomaten. Für Hummeln: Kulturlöwenzahn, Puffbohnen und Zucchini.

### Marienkäfer

Marienkäfer legen ihre Eier in Blattlauskolonien ab, eine Marienkäferlarve vertilgt bis zu 600 Blattläuse. Auch der spätere Käfer ernährt sich ausschließlich von Blattläusen.

### Ohrwürmer

Diese Tierchen können ebenso gegen Blattläuse helfen. Sie brauchen nicht viel, um glücklich zu sein, und sind häufiger auf bewachsenen Balkonen zu finden.

### Singvögel

Sie füttern ihre Jungen mit Raupen, Käfern und Blattläusen. Ein Nistkasten, Vogelfutter und eine Vogeltränke finden immer Platz. Wegen unserer bis in die letzte Ecke genutzten Kulturlandschaft wird vermehrt eine angepasste Ganzjahresfütterung empfohlen.

### Bienen

Sie sind wichtige Bestäuber. Sie lieben beispielsweise Dill, Ringelblumen, Stangenbohnen, Feuerbohnen, Koriander, Basilikum und Sommer-Bohnenkraut.

### Hummeln

Sind wichtige Bestäuber, vor allem bei kaltem Wetter. Sie lieben zum Beispiel Kapuzinerkresse, Tomaten und Sommer-Bohnenkraut.

### Florfliegen

Eine einzelne Florfliegenlarve kann 450 Blattläuse vertilgen, die Larven ernähren sich ebenso wie Marienkäferlarven von Blattläusen.

### Schwebfliegen

Sie sind gut gegen Blattläuse und zugleich wichtige Bestäuber. Sie lieben Koriander, Dill, Wiesen-Kümmel, Ringelblumen, Sommer-Bohnenkraut, Kapuzinerkresse.

## EIN ZUHAUSE FÜR NÜTZLINGE

Eine schöne Möglichkeit, seine Nützlinge auf Balkon und Terrasse zu unterstützen, sind selbst gebastelte Nützlingstöpfe, die an den vertikalen Projekten aufgehängt werden können. Besonders Ohrwürmer lieben diese Töpfe. Wichtig ist, dass man blickdichtes Material verwendet, da sich die Käfer sonst gestört fühlen könnten.

### Dosen

Zuerst bemalt man eine Dose, z. B. mit einem wetterfesten Acryllack. Am besten mit einer hellen Farbe, damit die Dose bei Sonnenschein nicht zu heiß wird. Danach kann eine breite Schnur, z. B. ehemalige Geschenkbänder, für eine hübsche Aufhängung sorgen. Als Füllmaterial eignen sich markiges Schilf, Bambus oder Holunderästchen (die Tiere entfernen das Mark gerne selbst). Damit die Flügel von Wildbienen nicht verletzt werden, muss alles glatt und gerade abgeschnitten werden, zudem sollten die Röhren hinten immer verschlossen sein. Ebenso sollte die Flugschneise für das neue Heim freigehalten werden.

## Töpfe

Der Tontopf kann wie die Dose bemalt werden. Durch das Loch am Boden wird eine dicke Schnur gefädelt, um mit mehrfachen Knoten ein kleines Knäuel zu bilden, so dass der Topf verkehrt herum aufgehängt werden kann. Ist die Schnur zu dünn, kann auch ein kleiner Ast eingeknotet werden. Als Füllmaterialien eignen sich Stroh und Holzwolle. Diese werden durch ein feines Netz, durch das die Käfer noch hindurchpassen, gehalten. Am besten befestigt man das Netz mit einem Band am Topfrand.

**1**

**2**

**3**

### TIPP

Nützlinge kann man auch im Internet erwerben. Allerdings sollte man auf heimische Arten achten und den Standort gut vorbereiten.

1. Aus recycelten Dosen und Töpfen ein Nützlingszuhause basteln.

2. Das Nützlingszuhause kann mit Schmuckbändern verziert werden.

3. Das Füllmaterial nicht zu locker hineinfüllen.

# DIY-PROJEKTE

## GRÜNE IDEEN – ZEIT, DIE WÄNDE HOCHZUGEHEN!

Gemeinsame Momente muss man sich schaffen, z. B. mit einem Bauprojekt.
Mit der Familie oder Freunden machen große Projekte gleich viel mehr Spaß.

———

# Projekte mit Mehrfachnutzen

Da wir Design mit Mehrfachnutzen lieben, haben wir zuerst ein Gemüsegeländer entworfen. Es hat eine integrierte Rankhilfe sowie Sichtschutz-
funktion und ist schnell als Minigewächshaus einsetzbar.

Alle Projekte im Buch wurden im Kreativgelände Paradiesgarten Maag aufgebaut, getestet
und fotografiert. Ganz nach unse-
rem Motto: Alles Schöne darf gerne
nützlich und alles Nützliche auch
gerne schön sein.

## GEMÜSEGELÄNDER

### Material & Werkzeug

Bretter aus Holz oder wasserfest
verleimte Platten (2 Stück 125 ×
30 cm, 2 Stück 60 × 30 cm, Vierkanthölzer 4 × 4 × 25 cm, 3 Bretter
125 × 15 cm), 1 Gabionengitter
10 × 100 cm, Universalschrauben
4,5 × 45, kürzere Universalschrauben zur Befestigung der langen
Bretter an der Umrandung,

2 Schraubhaken, Akku-Bohrschrauber, bei hartem Holz Bohrer
mit Durchmesser 2,5 mm und
Senker

### Geeignete Gemüsepflanzen

Gurken, Buschbohnen, niedrige
Stangenbohnen, Erbsen, Kapuzi-
nerkresse, Radieschen, Rettich,
Möhren, Salate, Fenchel, Lauch,
Rote Bete, Sellerie, Tomaten,
Spinat, Mangold

### Praktischer Kälteschutz

Bei kühler Witterung können die
Pflanzen mit einer Folie geschützt
werden. Das Geländer bietet hier
einen praktischen Abstand von der
Folie zu den Pflanzen und bildet
dadurch ein Minigewächshaus.

**WANDELBAR**

Unser Gemüsegeländer
wird durch die Folie zu
einem praktischen Mini-
gewächshaus.

# ANLEITUNG GEMÜSEGELÄNDER

Im Garten gibt es viele Begebenheiten, in denen ein Geländer sinnvoll ist.

## 1.
Seitenteile auf einer ebenen Fläche aneinander stellen, mit dem Vierkantholz an den Ecken verschrauben. Bei Weichholz ist kein Vorbohren nötig, da die Schrauben weit genug von der Schnittkante entfernt sind. Bei hartem Holz oder wasserfesten Platten vorbohren und einsenken, damit die Schrauben bündig zur Oberfläche abschließen.

## 2.
Die Schrauben dabei versetzt zueinander anbringen, da diese sich sonst eventuell treffen.

## 3.
In der Mitte der kurzen Seitenteile je eines der 125 cm langen Bretter senkrecht mit den kurzen Schrauben verschrauben. Am stabilsten wird es, wenn die Verschraubung von innen und außen erfolgt.

## 4.
Setzen Sie das dritte Brett oben auf die Stützen und verschrauben Sie es. Hierbei vorbohren und senken, um die Hölzer nicht zu spalten.

## 5.
Die beiden Löcher für die zwei Haken jeweils etwa 25 cm von den Seiten entfernt mittig vorbohren, Haken eindrehen.

## 6.
Das Beet mit Erde befüllen, dann das Gitter in die Haken einhängen.

Bei stürmischer Witterung empfiehlt es sich, die Folie mit einem Seil unten gut festzubinden.

## MINIGEMÜSE IM NETZ
Auf einem langen, schmalen Balkon eignet sich ein Gemüsenetz als Rankhilfe anstelle eines Geländers hervorragend, da der Platz zum Entspannen und Kaffeetrinken gleich mit integriert ist.

### Material
**Kastenbeet** Wasserfeste Platten je 2 Stück 1,5 × 125 × 29 cm und je 2 Stück 1,5 × 27 × 29 cm (die Größen können selbstverständlich an vorhandenes oder leicht zu bekommendes Material angepasst werden), 4 Vierkanthölzer 3 × 3 × 25 cm, Mehrzweckschrauben 4,5 × 45 Teilgewinde, bei Bedarf eine zusätzliche Bodenplatte
**Thekenplatte** (Lackierte) Holzplatte 1,8 × 100 × 30 cm, 4 kleine Holzschrauben, Bambusstange 100 cm, 2 Schraubhaken, 2 Schwerlast-Tragewinkel 30 × 20 cm mit Befestigungsmaterial, 2 Ketten, etwa 15 cm lang, Netz, Zeltheringe, 2 Säcke Gemüseerde je 40 l
**Werkzeug** Akku-Bohrschrauber, Bohrer (Durchmesser 2,5 mm), Senker, Schlagbohrmaschine und passender Steinbohrer je nach Wandbeschaffenheit

### Rundumschutz
An einem ungeschützten Platz kann eine Folie die Tomaten oder Gurken vor zu viel Regen abschirmen, während im Frühjahr ein leichtes Gartenvlies die Pflanzen vor Spätfrösten schützt.

Das Erdvolumen ist im Kastenbeet groß genug, dass keine Dränage nötig ist. Mehrfachnutzen und das Sparen von Ressourcen machen Designs erst richtig spannend.

Vorhandene Materialien zu nutzen, macht jedes Projekt einzigartig. Beim Bau fallen einem manchmal noch Möglichkeiten ein, Material zu sparen.

# ANLEITUNG MINIGEMÜSE IM NETZ

Gemüse, das gern in einem Netz rankt und sich festhält: Busch-tomaten, Cocktailtomaten, Snack-Gurken, Zuckererbsen. An den Seiten finden auch Salate oder Radieschen Platz. Das Netz kann je nach Standort und Jahreszeit beliebig ergänzt werden.

## 1.

Je zwei der Vierkantleisten bündig an die Seiten der beiden Seitenteile schrauben. Bei harten oder leicht zu spaltenden Materialien vorboh-ren und den Schraubenkopf einsenken. Die langen Seitenteile mit den Vierkanthölzern ver-schrauben. Fertig ist der unten offene Pflanz-trog. Bei empfindlichen Böden empfiehlt es sich, eine Bodenplatte mit zu montieren.

## 2.

Messen Sie über dem Stellplatz für den Pflanztrog die Befestigungspunkte für die Tragewinkel aus. Dübeln oder schrauben Sie je nach Wandmaterial die Tragewinkel an die Wand. Legen Sie die The-kenplatte mittig auf und sichern Sie sie mit den vier kurzen Schrauben auf den Tragewinkeln. Die Thekenplatte kann auch vorher zum Schutz vor Wetter und Kaffee lackiert werden.

## 4.

Stellen Sie den Pflanztrog unter die Theke. Legen Sie die beiden Säcke mit Erde nebeneinander in den Kasten, schneiden Sie die Säcke seitlich auf, damit diese bepflanzt werden können. Überschüssige Folie lässt sich einfach umkrempeln, so spart man Folie und produziert keinen Abfall.

................................................................

## 3.

Schrauben Sie 15 cm von der Wand und den Seitenkanten entfernt jeweils einen Schraubhaken in die Thekenplatte ein. Hängen Sie die Bambusstange mit den Ketten in die beiden Schraubhaken ein. Da Bambus leicht konisch ist, lässt sich das mit der Kette einfach ausgleichen.

................................................................

## 5.

Ziehen Sie das Netz zur Hälfte über die Bambusstange. Haken Sie die unteren Enden des Netzes mit mehreren Maschen in die Zeltheringe ein und stecken Sie diese in die Erde, um das Netz zu spannen.

# NASCH-BAR

Frisch geerntete Salate, feurige Peperoni, süße Paprika und saftige Kirschtomaten aus der selbst gebauten Naschbar-Palette ergänzen die sommerlichen Fleischkreationen vom Kohlegrill. Hier heißt es: regelmäßig gießen, auf Schnecken kontrollieren, ernten und feiern!

**1.**

Material & Werkzeug: 3 Euro-Paletten 120 × 80 × 14,4 cm, 1 Einweg Rahmen-palette 120 × 120 × 11,4 cm, Bretter 10 × 2 cm, 9 × 120 cm, 2 × 40 cm und 2 × 96 cm, Leiste 2 × 2 × 120 cm, wasser-feste, dünne Platte 120 × 60 cm, 8 sta-bile verzinkte Stahlwinkel, Universal-schrauben 4,5 × 45 mit Teilgewinde, Folie, wetterfester Holzlack; Akku-schrauber, Pinsel, helfende Hände

**2.**

Verschließen Sie die obe-ren Seitenflächen der Ku-fen der 3 Euro-Paletten mit den langen Brettern. Die dadurch entstehen-den Fächer werden dann später bepflanzt.

**3.**

Drehen Sie die Paletten um und führen Sie sie zu-sammen. Dabei wird die Stirnpalette vor die bei-den Seitenpaletten ge-stellt, damit später die große Palette auf drei Seiten aufliegt. Haben Sie die etwas kleinere Containergröße 114 × 114 cm, können Sie hier die beiden Seitenpaletten näher zusammenrücken. Mit jeweils zwei Winkeln oben und unten verbinden.

**4.**

Die große Palette umge-dreht oben aufsetzen. Da-bei sollte diese auf den Deckbrettern der unteren Paletten aufliegen und nicht nur von Winkeln ge-halten werden.

### 5.
Die obere Palette mit vier Winkeln befestigen.

### 6.
Die Seiten eines Faches der oberen Palette mit den kürzeren Brettern verschließen. Sie können diese Bretter auch zwischen die Deckbretter und die Rahmenbretter / Abstandklötze einpassen, um oben noch mehr Anbaufläche zu gewinnen.

### 7.
Die Leiste in der Mitte des Querrahmens aufschrauben und die Arbeitsplatte auflegen. Sie können auch ein Scharnier verwenden. Unter der Arbeitsplatte können später in dichten Boxen Utensilien und Besteck aufbewahrt werden. Wer keine Arbeitsfläche benötigt, kann auch das zweite Rahmenfach seitlich schließen und zum Anbauen nutzen. Nach Gusto bemalen oder lackieren.

### 8.
Die Fächer der Bar mit Folie auskleiden oder passende Behälter hineinstellen. Dabei Abläufe für Wasser in die Folie oder die Behälter schneiden. Erde einfüllen und bepflanzen.

### 9.
In die obersten Fächer können größere Pflanzen gesetzt werden wie Cocktailtomaten, Kirschtomaten, Buschtomaten, Paprika, Peperoni, Rucola. In die mittleren und unteren Fächer werden eher klein bleibende Gemüse und Salate gesetzt wie Mangold, Minipaprika, Minipeperoni, Pflücksalat, Schnittsalat, Radicchio, Feldsalat.

**1**

**2**

**3**

**1.** Die Materialien.
Unbehandeltes Holz
wird oftmals grau und ist
toll für Nützlinge.

**2.** Die Kanthölzer an
den schmalen Seiten-
teilen befestigen.

**3.** Pflanzenkasten
zusammenführen.

## HÄNGENDE PFLANZENKÄSTEN

Durch ein größeres Erdvolumen herrschen an-
genehmere Temperaturunterschiede und Haus-
tiere wie Hunde und Katzen kommen schwerer
an unsere Pflanzenschätze heran.

1. **Material** Blähton, Vlies, Leimholz Fichte:
   1 Stück 1,8 × 40 × 60 cm, 2 Stück 1,8 × 30 ×
   60 cm, 2 Stück 1,8 × 30 × 28,2 cm. Leisten mit
   30 × 30 mm, davon 4 × 25 cm, 2 × 15 cm und
   2 × 50 cm lang, Mehrzweckschrauben
   4,5 × 45 mm Teilgewinde und 4 × 20 mm,
   2 stabile Winkel, 6 Dübel je 8 mm und Mehrzweckschrauben 2 × 5,5 x 100 mm sowie
   4 × 5,5 × 60 mm Teilgewinde
   **Werkzeug** Akku-Bohrschrauber, Bohrer
   (Durchmesser 5 mm und 4 mm), Senker,
   Schlagbohrmaschine, Steinbohrer (Durchmesser 8 mm), Lochsäge (Durchmesser
   68 mm), helfende Hände

2. Sägen Sie in die spätere Frontseite (30 × 60 cm)
   etwas oberhalb der Mitte mit der Lochsäge
   zwei oder drei Pflanzlöcher und verschleifen
   Sie die Schnittkanten.
   **A** Je zwei der 25 cm langen Vierkantleisten
   bündig an die Seiten der beiden Seitenteile
   schrauben, vorher vorbohren und den
   Schraubenkopf einsenken.
   **B** Je eine 15 cm lange Leiste bündig an die
   Unterkante der Seitenteile schrauben.

3. Die beiden langen Leisten bündig mittig an
   das Unterseitenbrett (30 × 60 cm) schrauben.
   **A** Seitenteile und Unterseite auf einer ebenen
   Unterlage seitlich liegend zusammenstellen
   und miteinander verschrauben.
   **B** Die Vorderseite mit den Pflanzlöchern auf-
   setzen und mit den Leisten verschrauben.
   Dabei die Schrauben je Seite leicht versetzen.

SALAT

ERDBEEREN

4. Setzen Sie die Rückseite auf und verschrauben Sie sie mit dem Kasten. Sie können den Kasten lackieren oder naturbelassen.

5. Dübeln Sie die Winkel in der gewünschten Höhe an die Wand. Sie sollten noch gut zum Pflegen der Pflanzen herankommen.
**A** Bohren Sie mit dem 4 mm Bohrer von innen (durch die Befestigungsleisten der Rückwand und der Seitenteile) durch die

Rückwand des Kastens. Drehen Sie je eine lange Schraube durch das Loch, bis diese etwa 5 mm aus der Rückwand hervorsteht. Setzen Sie nun den Kasten zu zweit auf die Tragewinkel, richten Sie diesen aus und drücken Sie dann die Kiste einmal fest gegen die Wand. Die hervorstehenden Spitzen hinterlassen dabei im Putz eine Markierung. Heben Sie die Kiste wieder herunter.

**4.** Rückseite befestigen.

**5.** Zu zweit lässt sich der Pflanzenkasten leicht an die Wand anbringen.

**4** 

**5** 

**6**

**7**

**B** Bohren Sie ein 8 mm großes Loch in die Wand und setzen Sie einen Dübel ein. Setzen Sie wieder zu zweit den Kasten auf die Tragewinkel, drehen Sie die lange Schraube weiter und ziehen Sie sie fest.

**C** Fixieren Sie den Kasten mit kurzen Schrauben 4 × 20 mm auf den Tragewinkeln.

6. Legen Sie den Kasten mit Folie aus. Für die Dränage Blähton einfüllen und als Zwischenlage Vlies. Befüllen Sie ihn nun mit Erde.

7. Bepflanzen Sie die Kiste. Wir haben Pflücksalat und Erdbeeren verwendet. Weitere geeignete Gemüse oben: Pflücksalat, Spinat, Endivien, Kulturlöwenzahn, Asia-Salate, Karotten, Buschbohnen, Buschtomaten, Kohlrabi, Chinakohl, Stangensellerie, Minitomaten und Minipaprika.
An den Seitenlöchern: Salate, Buschtomaten, Buschbohnen oder Früchte wie Hängeerdbeeren und Kräuter wie Kapuzinerkresse, Thymian, Petersilie und Basilikum.

6. Folie einlegen, Dränage setzen, mit Erde befüllen und bepflanzen.

7. Ein guter Platz, um ein Nützlingszuhause mit Haken frei aufzuhängen.

Das farbenfrohe Obstkistenregal mit Systemstützen ist eine wunderbare Möglichkeit, ganz viel Gemüse auf kleinem Raum unterzubringen.

## BUNTES OBSTKISTENREGAL FÜR GROSS UND KLEIN

Das Obstkistenregal für Balkone und Terrassen lässt sich leicht umstapeln und in der Breite und Höhe jederzeit erweitern. Die bunten Farben und das Bemalen sind besonders für Kinder toll. Die Höhe der unteren Kisten können auch kleine Gärtner gut erreichen. Hier dürfen z. B. süße Zuckererbsen an Rankhilfen wachsen und genascht werden. Das Wunder des Wachstums beobachten zu können, ist heutzutage keine Selbstverständlichkeit mehr, und das sollten wir ändern!

### Material & Werkzeug

5 gleiche Obstkisten, pro Obstkiste 40 l Erde, lebensmittelechter Holzlack, etwa 6 cm breite Holzbretter, Universalschrauben 4,5 × 45, EPDM Folie; Pinsel und Farbe, Akkuschrauber, Bohrer (Durchmesser 2,5 mm), Kegelsenker

### Streichen & Systemstützen bauen

Streichen Sie vor dem Bau die Holzkisten mit lebensmittelechtem Lack und beachten Sie die Trockenzeiten der Hersteller. Wir haben richtig kräftige Farben gewählt, sie heben sich ideal vom Hintergrund ab.

**1**

**2**

**3**

Wenn alles gut trocken ist, bauen Sie zunächst eine kurze Systemstütze. Sägen Sie dazu zwei Bretter auf die Höhe einer Obstkiste abzüglich der Dicke des unteren Querbrettchens der Kisten. Dadurch steht die zweite Obstkiste dann waagerecht auf der Stütze. Verschrauben Sie zwei Bretter in Innenbreite der Obstkiste mit je zwei Schrauben mit den beiden Stützenfüßen. Dabei wirkt das Vorbohren und Einsenken der Schrauben gegen das Spalten des Holzes durch die Schraubenköpfe nahe an der Schnittkante. Bauen Sie im nächsten Schritt die langen Systemstützen. Die Höhe der Stützenfüße ist dabei

**1.** Zu einem weißen Hintergrund passen starke Farben.

**2.** Der Bau der Systemstützen lässt sich leicht wiederholen.

**3.** Die Stabilität erhält das Regal durch das Gewicht der befüllten Obstkisten.

die Innenhöhe der Kisten abzüglich der Dicke des oberen Querbrettchens zuzüglich Außenhöhe der Kisten. Wenn Sie sich unsicher sind, einfach die Kisten auf die Seite gedreht an einer Wand „übereinanderstapeln" und nachmessen.

### Kisten miteinander verhaken

Stellen Sie die kürzeste Systemstütze neben die erste Obstkiste. Beim Stapeln der Obstkisten das untere Querbrettchen der zweiten Kiste versetzt neben das obere Querbrettchen der ersten Kiste platzieren. Dadurch sind die Obstkisten ineinander verhakt. Die kurze Stütze nach innen versetzt neben das untere Querbrettchen der zweiten Kiste platzieren.

### Weitere Kisten aufstapeln

Eine lange Systemstütze in die erste Kiste stellen. Eine Kiste wieder mit dem unteren Querbrettchen versetzt zum oberen der zweiten Kiste auflegen. Die Stütze wieder so weit nach innen schieben, dass die Querbretter der Stütze neben dem äußeren unteren Querbrettchen der Kiste liegen. Wiederholen, bis Ihnen die Kisten oder der Platz ausgeht.

### Bepflanzung

Kleiden Sie die Obstkisten mit Folie aus. Auf jeweils zwei Seiten der Holzkisten wird in ca. 2 cm Höhe über dem Boden ein Loch in die Folie als Wasserüberlauf geschnitten. Anschließend können

**4.** Die Kisten mit den Systemstützen sorgfältig stapeln.

**5.** Die Stabilität der Kisten durch leichtes Bewegen auf die Probe stellen.

**6.** Nicht nur die Kisten leuchten fröhlich, auch das Gemüse wird in bunter Mischkultur angebaut.

die Kisten mit guter Gemüseerde befüllt und bepflanzt werden. Geeignete Gemüse sind Zwiebeln, Buschtomaten, Auberginen, Rucola, Peperoni, Paprika, Buschbohnen, Erbsen, Mangold, Salate, Radieschen. Auch klein bleibende Kräuter wie Kerbel, Basilikum und Petersilie sind willkommen. Durch das größere Erdvolumen und die Tiefe der Obstkisten ist auch der Anbau von Karotten und Rettichen möglich. In die unteren Reihen sollten Arten gepflanzt werden, die kompakter bleiben, wie Buschtomaten und Buschbohnen.

## Erweiterung des Kistengartens

Wer das Obstkistenregal erweitern möchte, sollte nicht mehr wie sechs Kisten übereinanderstapeln. Bei den üblichen Obstkisten liegt damit die oberste Anbaufläche bei etwas über 1,5 m, was sich noch pflegen lässt. In der Breite gibt es keine Begrenzung, bei einer ungeraden Anzahl von Kisten nebeneinander brauchen Sie keine kurze Stütze, bei treppenförmigen Projekten auch keine lange, dafür deutlich mehr Platz. Ein großes Kistenprojekt sollte wegen des Gewichts nicht auf einem Holzbalkon aufgebaut werden.

# HÄNGEKÖRBE

Geschenkkörbe fallen nach einer großen Geburtstagsparty schnell mal an. Bunt bepflanzt bieten sie eine kreative und platzsparende Möglichkeit, Gemüse auf dem Balkon anzubauen.

## 1.

Material: Körbe, Tragewinkel mit Befestigungsmaterial oder 4 Deckenhaken, Seil, Folie für die Körbe. Werkzeug: Akku-Bohrschrauber oder Schlagbohrmaschine, Schere

## 2.

Die Tragewinkel lassen sich an einer Holzwand mit Schrauben montieren. An einer gemauerten Wand sollten Sie dübeln. Achten Sie darauf, dass die Abstände der Haken zu den Körben passen und ausreichend Abstand zur Wand bieten, damit die Körbe frei hängen können.

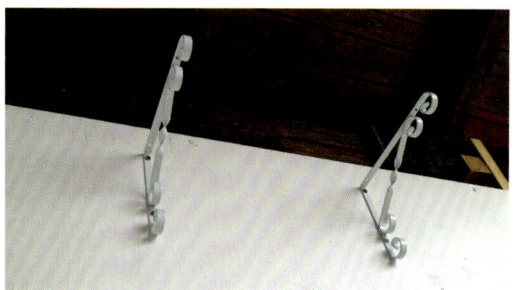

## 3.

Legen Sie die Körbe am Boden mit 40 bis 50 cm Abstand zueinander aus und fädeln Sie an allen vier Ecken das Seil durch die Böden der Körbe. Schneiden Sie das Seil so ab, dass Sie die vier Seilenden noch gut an den Tragewinkeln befestigen können. Der oberste Korb sollte noch zum Ernten und Gießen erreichbar für Sie sein.

## 4.

Knoten Sie auf der Unterseite der Körbe immer auf gleicher Höhe Schlaufen, damit die Körbe nicht nach unten abrutschen. An diesen Schlaufen können später z. B. Hängetaschen mit Pflanzen und Utensilien wie Schere und Schäufelchen befestigt werden.

## 5.

Hängen Sie die Körbe an den Tragewinkeln auf und legen Sie die Folie ein. Nun können Sie Erde einfüllen und die Körbe bepflanzen. Um Flecken an der Wand zu vermeiden, ist es besser, keine Löcher in die Folie zu schneiden. Mangels Wasserablauf sollten Sie also immer erst die Fingerprobe machen, bevor gegossen wird.

## 6.

Geeignete Gemüse für Hängekörbe sind Paprika, Buschtomaten, Mangold, Salat, Portulak, Neuseeländer Spinat, Buschbohnen, Rote Melde, Kohlrabi sowie Kräuter wie Kapuzinerkresse, Basilikum und Petersilie.

### GEMÜSESPIRALE FÜR DEN GARTEN

Aus einer alten Minikommode für das Büro wird eine schlanke Pflanzspirale für den Garten, die Raum für junges Gemüse schafft.

### Material & Werkzeug

Wetterfester Holzlack, Minikommode (z. B. „Moppe" von Ikea aus Birkensperrholz), Vierkantholz ca. 60 × 60 mm mit 150 cm Länge, Universalschrauben, 2 Schubladen je 30 mm Länge sowie 4 oder 6 Schubladen je 15 mm Länge für die Basis, bei Bedarf Folie als Ablaufschutz, Substrat; Pinsel, Akkuschrauber, Holzbohrer (Durchmesser 6 mm)

Ikea Hacks

Unterschiedliche Ebenen bieten Raum und Licht.

### Geeignetes Gemüse

Feldsalat, Radieschen, Asia-Salate wie Pak Choi, 'Red Giant', Mizuna, Mangold, Spinat, Frühlingszwiebeln, Rote Bete, Gartenkresse, Mikrogemüse (z. B. Radieschen, Rucola, Brokkoli, Fenchel, Asia-Salate, Rote Bete, Senfsamen)

### Und so geht's

**Schritt 1** Bohren Sie auf jeweils zwei Seiten der Schubladen in einem halben Zentimeter Höhe ein Ablaufloch und lackieren Sie das Holz (Trocknungszeit laut Herstellerangaben).

**Schritt 2** Auf einer ebenen Unterlage die beiden größten Schubladen im Winkel aufstellen und mit zwei kleinen Schrauben verbinden. In diesen Winkel das Vierkantholz senkrecht stellen und je Schublade mit zwei langen Schrauben fixieren. Die Basis sollte breit, stabil und gefüllt mit Erde schwer genug sein, um ein Kippen der Spirale zu verhindern. Hat man nur kleinere Schubladen zur Verfügung, einfach eine dritte Schublade zusätzlich an der Basis ansetzen.

**Schritt 3** Die nächsten Schubladen übereinander aufsetzen. Dabei je nach gestalterischen Vorlieben zwischen größeren und kleineren wechseln oder von unten nach oben kleiner werden. Als zusätzlicher Schutz kann eine Folie mit Ablaufschlitz eingelegt werden.

**Schritt 4** Gleich nachdem die Schubladen mit Erde befüllt sind, kann dünn ausgesät werden. Die Aussaatsaison für die empfohlenen Gemüse beginnt im Freiland ab Mitte März, bei Fenchel und Brokkoli ab Mitte April. Da das Erdvolumen nicht sehr groß ist und um diese Jahreszeit noch Fröste drohen, ist eine Abdeckung mit Gartenvlies eine gute Möglichkeit, die jungen Pflanzen zu schützen und die Ernte zu verfrühen. Am ergiebigsten ist die Gemüsespirale, wenn bereits bei sehr jungen Gemüsepflanzen mit der Ernte begonnen werden kann, um Platz für die Nachbarn zu schaffen.

## GELÄNDERTASCHEN

Ganz ohne nähen Pflanztaschen zu basteln, macht auch Kindern einen Riesenspaß und ist ein super Geschenk für Balkonbesitzer. Besonders für Gartenanfänger sind kleinere Gefäße gut, um ein Gespür für die Pflege von Pflanzen zu bekommen. Verantwortung für ein Lebewesen zu übernehmen und dessen Entwicklung zu erleben, kann ein wunderbares Gefühl sein. Wichtig ist oft nur, sich trauen, einfach loszulegen. Wenn dabei mal etwas schiefgeht, dann ist das in Ordnung. Ein grüner Daumen entsteht durch Erfahrung.

### Material & Werkzeug

Je Taschenpaar 2 alte T-Shirts, DIN-A3-Papier, Töpfe bis maximal 14 cm Durchmesser; Schere, Bleistift, Lineal, Stecknadeln. Die Taschen können Freihand angefertigt werden, wer jedoch gerne mehrere herstellen möchte, bastelt sich eine Schablone aus einem DIN-A3-Papier.

### Pflanzen

Ideale Pflanzen sind kompakt bleibende Gemüse, die mit weniger Wurzelraum zurechtkommen. Z. B. Minitomaten, Salate, Buschbohnen, Mangold, Kohlrabi, Peperoni, Feldsalat und Radieschen. Passende Kräuter sind Petersilie, Melisse, Schnittlauch und Pfefferminze.

T-Shirts einfach zusammenknoten, anstatt zu nähen.

**TIPP**

Verwenden Sie für die Bepflanzung der Taschen unten geschlossene Töpfe oder kleiden Sie die Taschen mit Folie aus, z. B. mit einem Gefrierbeutel, um das vorhandene Volumen voll auszunutzen.

# ANLEITUNG GELÄNDERTASCHEN

Lieblings-T-Shirts finden hier einen neuen Einsatzort auf dem Balkon.

## 1.

Schablone herstellen: Zeichnen Sie auf das DIN-A3-Papier einen Kasten mit den Maßen 38 × 27 cm und schneiden Sie ihn aus. Zeichnen Sie auf den zwei Schmalseiten und einer Längsseite jeweils eine Linie mit 9 cm Abstand parallel zum Rand. Dadurch bleiben in der Mitte ein Feld mit 18 × 20 cm und in den Ecken zwei Quadrate mit 9 × 9 cm übrig. Schneiden Sie in den Ecken die beiden kleinen Quadrate aus. Teilen Sie die drei 9 cm breiten Seitenstreifen in 9 bzw. 10 parallele schmale Streifen mit jeweils 2 cm Breite.

## 2.

Legen Sie die Schablone auf ein T-Shirt und stecken Sie sie mit Stecknadeln fest. Da das T-Shirt eine Vorder- und Rückseite hat, liegt der Stoff unter der Schablone doppellagig. Schneiden Sie den Stoff um die Schablone herum aus. Schneiden Sie dann die schmalen Streifen bis an das mittlere Viereck ein.

## 3.

Knoten Sie die Streifen der Vorder- und Hinterseite des T-Shirts fest zusammen. Wenn alle 28 Streifen verknotet sind, haben Sie eine Tasche. Wiederholen Sie Schritt 3 bis 4 für eine weitere Tasche.

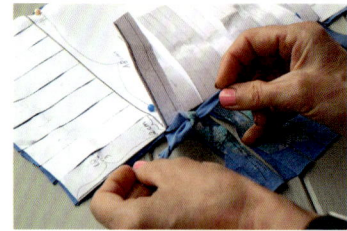

## 4.

Schneiden Sie lange Streifen mit 2 bis 3 cm Breite, z. B. aus den Ärmeln eines Langarm-T-Shirts.

. . . . . . . . . . . . . . . . . . . . . . . . . . . . . . . . . . . . . . . . . . . . . . . . .

## 5.

Suchen Sie sich aus den Streifen sechs Stück heraus, hier kann gern auch unter den Farben gemischt werden. Knoten Sie links und rechts an der Oberseite an einer der beiden Taschen jeweils drei Streifen an drei Enden der Fransen. Flechten Sie nun mit den drei Streifen je einen Zopf.

. . . . . . . . . . . . . . . . . . . . . . . . . . . . . . . . . . . . . . . . . . . . . . . . .

## 7.

Legen Sie die Taschen links und rechts über das Geländer und sichern Sie diese, indem Sie den geflochtenen Henkel mit einem Stoffstreifen unter dem Handlauf zusammenbinden. Wer statt Geländerstäben Platten hat, kann die Tasche auch mit Tischtuchklammern sichern.

## 6.

Legen Sie die zweite Tasche mit der Öffnung gegenüber der Öffnung der ersten Tasche und knoten Sie die Enden des Zopfes links und rechts mit jedem Streifen einzeln an die Enden der obersten Fransen. Dadurch bekommen Sie einen Henkel für zwei Taschen.

. . . . . . . . . . . . . . . . . . . . . . . . . . . . . . . . . . . . . . . . . . . . . . . . .

**1**

**2**

### GEHÄKELTE HÄNGETASCHEN

Taschenprojekte sind im vertikalen Garten beliebt, weil sie platzsparend und leicht sind. Jedoch werden sie oft nur zugekauft, dabei kann man hier wunderbar kreativ werden.

### Material & Werkzeug

Pro Tasche 1 Knäuel Mützenwolle Kunstfaser und 1 leichter, unten geschlossener Topf (Durchmesser 12 bis 14 cm); Häkelnadel Größe 6, Schere; einen guten Kaffee und ein gemütliches Plätzchen

**1.** Der Genuss und die eigene Kreativität sollte beim Herstellen der Projekte immer im Vordergrund stehen.

**2.** Knallige Farben passen hervorragend zu dunklen Hintergründen.

### Geeignete Pflanzen

Ideale Pflanzen für diese Art von Projekt sind kompakt bleibende Gemüse, die mit weniger Wurzelraum zurechtkommen, z. B. Salate, Buschbohnen, Mangold, Kohlrabi, Peperoni, Feldsalat und Radieschen. Passende Kräuter sind Petersilie, Melisse, Schnittlauch und Pfefferminze.

### Hänge-Plätze

Mit einer geflochtenen Schnur kann man die Taschen an windstillen Plätzen frei aufhängen. Oder Sie hängen die Taschen mit einem Nagel direkt an die Wand. Die Erde sollte nicht bis an den Topfrand aufgefüllt werden, damit das Gießen leichter fällt. Der Topf sollte unten geschlossen sein, um unschöne Flecken zu vermeiden.

# UND SO GEHT'S

Eine gemütliche Winterarbeit oder Spaß für zwischendurch!

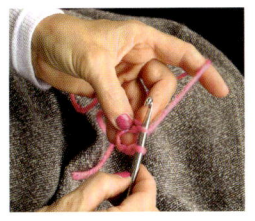

**1.**
Häkeln Sie sechs Luftmaschen und verbinden Sie diese zu einem Ring.

**2.**
Häkeln Sie zwei Luftmaschen und in jede Masche des Ringes jeweils zwei Stäbchenmaschen, so dass am Ende 12 Stäbchen gehäkelt sind. Danach verbinden Sie die Reihe.

**3.**
In der 2. Reihe in die 1. Masche ein Stäbchen, in die 2. Masche zwei Stäbchen. Dies im Wechsel weiterhäkeln.

**4.**
In der 3. Reihe jeweils ein Stäbchen pro Masche und in jede 3. Masche zwei Stäbchen. In der 4. Reihe in jede 4. Masche zwei Stäbchen. In der 5. Reihe in jede 5. Masche zwei Stäbchen. In der 6. Reihe in jede 6. Masche zwei Stäbchen. In der 7. Reihe in jede Masche ein Stäbchen und jede 6. Masche eine Masche überspringen. In der 8. Reihe jede 5. Masche überspringen.

**5.**
In der 9. Reihe 16 Maschen mit Stäbchen häkeln und das Häkelwerk umdrehen. Das Werkstück auf den 16 gehäkelten Maschen weiterführen.

**6.**
In der 10. Reihe nach vier Maschen eine überspringen, 11. Reihe nach drei Maschen eine überspringen, Reihe 12 nach zwei Maschen eine überspringen, Reihe 13 nach einer Masche eine überspringen. Reihe 14 nach einer Masche eine überspringen, sechs Luftmaschen häkeln und mit letzter Masche der Reihe verbinden. Fäden vernähen und fertig ist die Hängetasche.

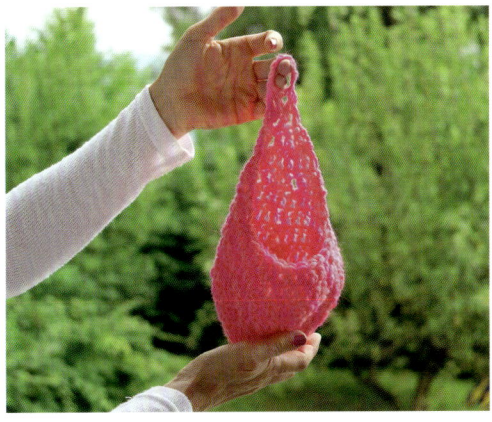

## PFLANZEN-TEPPICH MIT FLASCHENBEWÄSSERUNG

Kreativ einen Teppich recyceln! Das Projekt ist ideal für sehr sonnige Balkone, denn der Teppich schützt die Pflanzen vor zu viel Sonnenlicht und die Flaschenbewässerung unterstützt beim Bewässern der Pflanzen.

### Material & Werkzeug

Teppich, wasserleitende Baumwollschnur, 4 große Sicherheitsnadeln, 4 kleine PET-Flaschen, 4 bunte Plastiktöpfe mit ca. 14 cm Durchmesser, dicke Schnüre zum Befestigen, Folie für die Töpfe, 4 abknickbare Strohhalme; Schere, große Nadel

### Bewässerung

Auf heißen Balkonen trocknen kleine Erdvolumen schnell aus. Das macht das Gießen etwas schwieriger, denn das Wasser perlt schnell an ausgetrockneter Erde ab. Bei leicht schräg hängenden Töpfen ist eine Sprühflasche zum Anfeuchten und Gießen praktisch. Die Flaschenbewässerung im Teppichinneren ersetzt nicht die tägliche Fingerprobe, ist aber eine schöne Unterstützung. Wichtig ist, dass die Baumwollschnur gut Wasser leitet und ständig feucht bleibt. Dabei schützt der Strohhalm die Schnur vor Austrocknung. Auch hier gilt es, die Gemüse nicht zu übergießen.

**1.** Bunt zusammengestellte Materialien und selbst gehäkelte Topfhalter schaffen den Hintergrund für das Grün der Gemüse.

**2.** Die Flaschenbewässerung ist optisch verschwunden und der Teppich bietet Sichtschutz und Schatten.

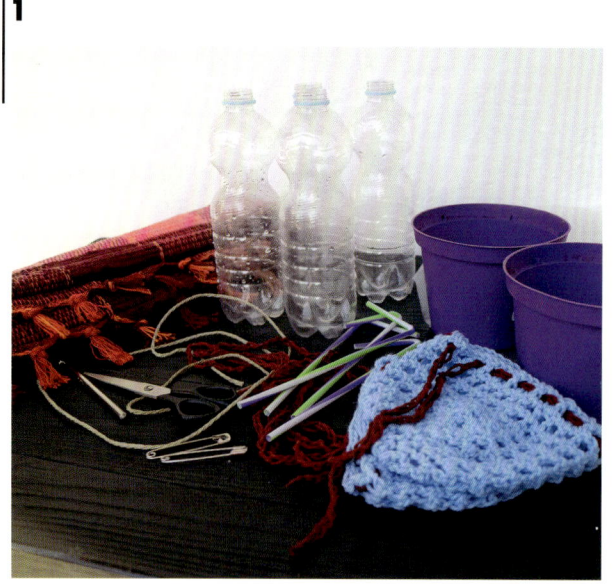

# UND SO GEHT'S

Ideale Pflanzen sind kompakt bleibende Gemüse, die mit weniger Wurzelraum zurechtkommen, z. B. Salate, Buschbohnen, Mangold, Kohlrabi, Peperoni, Feldsalat und Radieschen.

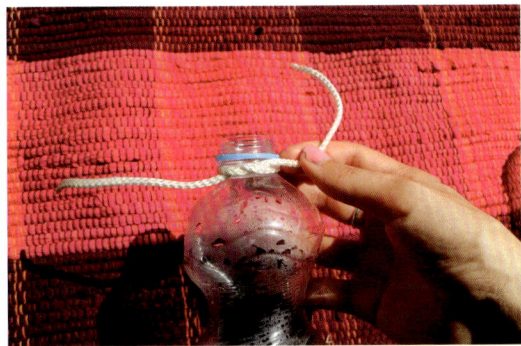

## 1.

Die Innenseite des Teppichs versteckt die Flaschenbewässerung. Befestigen Sie dazu die vier PET-Flaschen auf der Innenseite an den Stellen, wo Sie die Töpfe später auf der Vorderseite haben möchten. Achten Sie darauf, dass Sie später noch zum Befüllen an die Flaschen herankommen. Machen Sie um den Flaschenhals einen halben Knoten und ziehen Sie die Schnurenden durch den Teppich, um diese auf der Rückseite zu verknoten. Um den Teppich zu durchstoßen, ist eine große Nadel praktisch.

## 2.

Führen Sie wasserleitende Baumwollschnüre durch die Strohhalme und machen Sie die Fäden feucht. Damit die Bewässerung funktioniert, müssen die Fäden immer feucht bleiben. Stecken Sie die Strohhalme in die Flaschen.

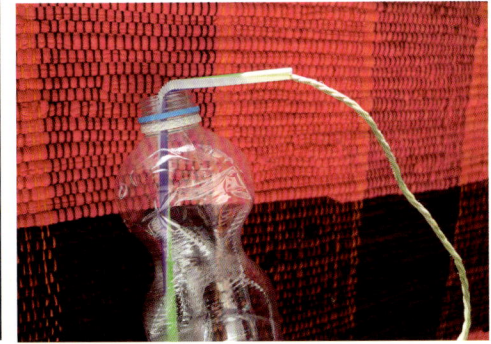

### 3.

Legen Sie den Teppich über das Geländer. Die Flaschen müssen an der Innenseite hängen. Führen Sie die Strohhalme durch den Teppich. Die Strohhalme müssen auf Höhe der Töpfe herauskommen, so dass man sie in die Erde stecken kann.

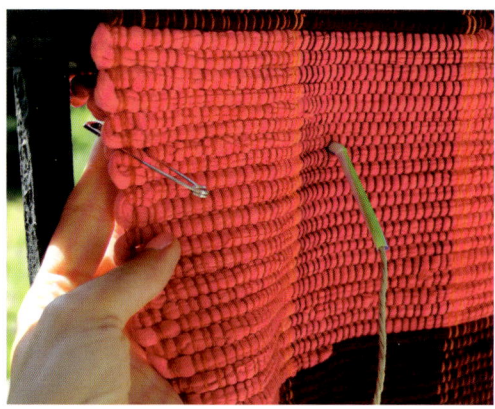

### 4.

Sichern Sie den Teppich oben und unten gegen das Verrutschen mit Sicherheitsnadeln.

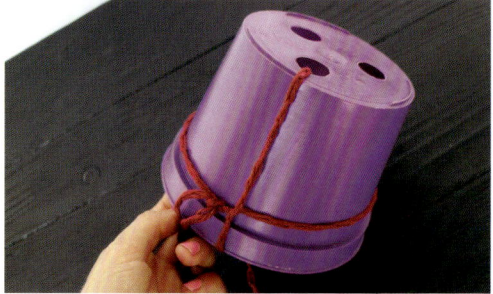

### 5.

Befestigen Sie unter den Strohhalmen die Töpfe oder Hängetaschen. Selbst gemachte Hängetaschen finden Sie auf Seite 48/49. Die Töpfe sollten mit einer dicken Schnur an zwei, drei Punkten befestigt werden. Legen Sie dann eine wasserdichte Folie in die Töpfe und füllen Sie diese mit Erde auf. Überstehende Folie kann abgeschnitten werden. Füllen Sie die PET-Flaschen mit Wasser und führen Sie die Baumwollschnüre und den Strohhalm in die Erde. Nun kann bepflanzt werden.

## WANDTASCHEN

Für diese Wandtaschen verwenden wir Tischsets. Es gibt sie in vielen Farben und Designs – und früher oder später hat man ein paar übrig. Die Taschen lassen sich schnell und ohne großes Werkzeug herstellen. Mit einem eingelegten Gefrierbeutel ist auch die Wand vor Verschmutzungen sicher.

### Material & Werkzeug

Rechteckiges Tischset, bunter Bast, quadratische Holzleiste in der Breite des Tischsets, 3 kleine Nägel oder Reißnägel, 2 Bilderösen mit Stiften, 2 Stahlnägel, Gefrierbeutel; Schere, große Nähnadel, Hammer

### Geeignete Pflanzen

Stangensellerie, Kulturlöwenzahn, Mangold, Melde, Stielmus, Frühlingszwiebeln, Baumspinat, Asia-Salate, Buschbohnen

### Und so geht's

– Legen Sie das Tischset mit der Breitseite einmal um die Holzleiste und nageln Sie es fest. Hierzu können Sie auch Reißnägel verwenden. Rollen Sie danach das Holz in das Tischset ein, damit die Leiste nicht mehr zu sehen ist und das Tischset nicht ausreißen kann.

– Nageln Sie auf der Rückseite zwei Bilderösen in gleichem Abstand zu den Seiten auf das Holz. Drehen Sie das Tischset um und klappen Sie den unteren Teil bis etwa 2 cm unterhalb der Holzleiste hoch.

– Nähen Sie mit dem Bast im Kreuzstichmuster die Vorder- und Rückseite zusammen.

– Schlagen Sie die Stahlnägel in passendem Abstand in die Wand und hängen Sie die Tasche auf. Stecken Sie den Gefrierbeutel in die Tasche und bepflanzen Sie die Wandtasche.

1. Set um die Holzleiste schlagen.

2. Bilderösen zum Aufhängen.

3. Kreuzstich als Schmuckband.

4. Wandtasche aufhängen.

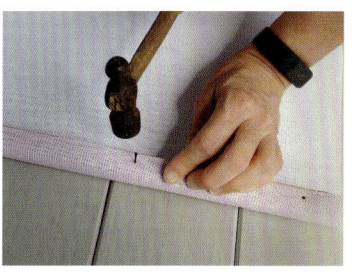

## GEMÜSE-BILDERRAHMEN

Viele Gemüsearten bieten schöne Blattstrukturen oder Farben und können im passenden Rahmen alle Blicke auf sich ziehen. Frei hängende Pflanzprojekte sollten windgeschützt aufgehängt werden.

### Material & Werkzeug

Bilderrahmen, Eimer mit Ketten, zusätzliche Ketten in ausreichender Länge für die Aufhängung, 3 kleine Karabiner, Blähton, Vlies; bei Bedarf Zange für die Kettenglieder, Befestigungsmaterial

### Geeignete Pflanzen

Salate, Blumenkohl (farbige Sorten), Palmkohl, rotblättriger Grünkohl, Zierkohl, Buschtomaten, Peperoni, bunter Mangold, Erdbeerspinat. Für eine schöne Herbststimmung eignen sich auch Alpenveilchen und Heidekraut. Für Bienen ist Heidekraut attraktiv, da sie im Herbst weniger Nahrung finden. Aber Achtung, Knospenheide wurde dazu gezüchtet, dass die Knospen sich nie öffnen. Das bedeutet, dass Insekten hungrig davonfliegen. Deshalb verwenden wir Besenheide für Bienen und Glocken-Heide für Hummeln und Schmetterlinge.

Zierkohl ist nicht nur dekorativ, sondern auch essbar. Er kann mit Heidekraut und Alpenveilchen an einer halbschattigen Stelle noch lange im Herbst Freude bereiten.

## Und so geht's

Hängen Sie ein kurzes Kettenstück mit jeweils einem Karabiner an jeder Seite an den Aufhängungen des Bilderrahmens ein. Den dritten Karabiner in der Mitte der Kette einhängen und so mit der zweiten Kette verbinden. An dieser Kette kann der Bilderrahmen frei schwebend an einem Haken oder anderen Befestigungsmöglichkeiten aufgehängt werden.
Nun den Eimer mit einer 5 cm Schicht Blähton befüllen, dann Vlies als Trennschicht einlegen und mit Erde auffüllen, so dass noch ca. 5 cm Platz zum Rand des Eimers ist.

**1.** Ketten mit Karabiner zusammenführen.

**2.** Eimerketten im Eimer einhängen.

**3.** Den S-Haken des Eimers im mittleren Karabiner einhängen.

Junges Gemüse in der Wohnung. Frisch, gesund und schön.

### WINDOW-FARMING MIT MIKROGEMÜSE

Oft herrscht im Innenraum nicht das richtige Kleinklima für Gemüseanbau. Mikrogemüse ist eine Möglichkeit, auch an nicht so idealen Standorten Gemüse zu ernten.

### Material & Werkzeug

Töpfe (mit breitem Rand oben, Durchmesser bis 14 cm), Dübel, Schrauben, 2 Haken oder Tragewinkel, dicke Bambusstange, Fadengardine; Bohrmaschine, Akkuschrauber, helfende Hand

### Pflanzen

Mikrogemüse wird im Stadium zwischen Sprossen- und Minigemüse geerntet. Die Gemüse haben im Gegensatz zu Sprossen zwei Keimblätter und zwei kleine pflanzentypische Blätter entwickelt. Durch die kurze Zeit, die sie zu dieser Entwicklung benötigen (je nach Gemüse zwei bis vier Wochen) können in der Wohnung viele Gemüsearten und Geschmacksrichtungen angebaut werden. Verwendung finden die vitamin- und mineralstoffreichen, jungen Gemüse in Salaten, Sandwiches, als Beilagen oder in grünen Smoothies. Geeignete Gemüse sind Erbsen, Brokkoli, Rettich, Senf, Grünkohl, Radieschen, Fenchel, Asia-Salate, Rote Beete, Rotkohl, Rettich und Spinat.

---

**TIPP**

Sollten die Töpfe Abzugslöcher haben, können Sie diese mit Heißkleber schließen oder Folie einlegen.

---

# UND SO GEHT'S

Wählen Sie für das Projekt einen möglichst hellen Standort aus, beispielsweise ein Südfenster. Ein Pflanzenlicht kann zusätzlich unterstützen.

**1.**

Montieren Sie mit Dübeln und Schrauben zwei Haken über dem Fenster. Fädeln Sie die Fadengardine durch die Bambusstange und legen Sie die Stange anschließend auf die Haken.

**2.**

Teilen Sie die Fäden in vier bis sechs gleich große Stränge auf. Flechten Sie pro Topf jeweils zwei Zöpfe bis zu der Höhe, an der Sie diesen aufhängen möchten. Es können auch Flaschen mit Tröpfchenbewässerung in die Fadengardine eingeflochten werden.

**3.**

Am besten jetzt zu zweit weiterarbeiten. Halten Sie den Topf zwischen zwei Zöpfe. Nehmen Sie nun vom hinteren Zopf die beiden äußeren Stränge und führen Sie diese unter dem Topfrand zum vorderen Zopf. Flechten Sie mit dem mittleren Strang des vorderen Zopfes und den beiden Strängen des hinteren Zopfes weiter. Die nun übrigen zwei Stränge des vorderen Zopfes werden zu dem mittleren Strang des hinteren Zopfes unter dem Topfrand entlanggeführt und ebenfalls weitergeflochten.

**4.**

Am Ende in den geflochtenen Zopf jeweils einen Knoten machen.

................................................................

**5.**

Je nach Topfgröße und Fensterlänge können in unterschiedlichen Höhen mehrere Töpfe eingeflochten werden.

................................................................

**6.**

Befüllen Sie die Töpfchen mit Erde und säen Sie aus.

................................................................

**7.**

Mit rechtzeitigem Ernten und Nachpflanzen – zeitlich versetzt – kann Mikrogemüse am Fenster eine große Bereicherung für die Küche sein.

1

## SALATERNE

Hier wird das Prinzip der „Hanging Baskets"
rund gemacht und ins rechte Licht gerückt. Zusätzlich ist eine Gießhilfe eingebaut, um die
Pflege zu erleichtern.

### Material & Werkzeug

2 halbkugelige „Hanging Baskets" mit Kokoseinlage und Aufhänger, 500 ml Plastikflasche
(etwas höher als der Hanging Basket), stabiles
Gitter, Vlies, wiederlösbare Kabelbinder, Draht,
Solar-Lämpchen; Material zum Aufhängen,
Cutter oder robuste Schere, Nadel, Beißzange,
2 Eimer, Malerpinsel und helfende Hände

### Geeignete Pflanzen

Kresse, Pflücksalate, Asia-Salate, Stangensellerie, noch kleine Hängetomaten (sonst wird es
schwieriger mit dem Einpflanzen).
Blumen, die in der oberen Halbkugel die Salate
ergänzen: Stiefmütterchen, Hornveilchen,
Chrysanthemen, Heidekraut.

2

**1.** Bunte Salate, Stangensellerie und mehr sprießen
von allen Seiten.

**2.** Beleuchtetes Gemüse
ist nachts ein richtiger Hin-
gucker.

# ANLEITUNG SALATERNE

In luftiger Höhe wird unsere SaLaTerne mit einer einfachen Gießhilfe bewässert. Nachts wird sie per Solar-Lämpchen zur Leuchtkugel.

## 1.
Schneiden Sie die Kokoseinlagen so zu, dass diese mit dem Rand des Hanging Basket abschließen. Schneiden Sie anschließend, gleichmäßig verteilt, kreuzförmige Schlitze in die Einlage. Damit sich die Pflanzen nach dem Einsetzen gut entwickeln können, sollten Sie hierbei Abstände lassen.

## 2.
Schneiden Sie den oberen Teil der Flasche ab. Stechen Sie mit der Nadel zwei kleine Löcher in die Flasche, eines seitlich unten, das andere in der Mitte – dadurch wird das Wasser langsam an den Korb abgegeben. Schneiden Sie anschließend in die Matte des oberen Korbes ein passendes Loch, möglichst nahe der Mitte, und stecken Sie die Flasche hindurch.

## 3.
Stellen Sie den Korb auf den Eimer und beginnen Sie, von innen zu pflanzen, indem Sie die Blätter der Pflanzen durch die Pflanzöffnung fädeln, bis der Ballen anliegt.

## 4.
Füllen Sie Stück für Stück Erde ein, damit die Ballen Halt finden. Dann die nächste Reihe bepflanzen. Wiederholen Sie dies mit dem zweiten, unteren Korb (ohne die Flasche).

## 5.

Schneiden Sie das Gitter mit einer geeigneten Zange so zu, dass es in den oberen Korb gerade hineinpasst. Legen Sie das Vlies unter das Gitter und anschließend beides auf den oberen Korb. Das Vlies umschlagen. Das Gitter verhindert, dass die sich setzende Erde zu stark absackt.

## 6.

Setzen Sie die beiden Halbkugeln zusammen – hierbei ist eine zweite Hand sehr hilfreich. Verbinden Sie die Teile mit den Kabelbindern und sichern Sie die Verbindung mit Draht, wenn alles optimal ausgerichtet ist.

## 7.

Befeuchten Sie die SaLaTerne mit einer Sprühflasche. Geben Sie dann die Kressesamen in ein Wasserglas. Jetzt ist Zeit für eine Tasse Kaffee, denn die Kressesamen dürfen sich nun mit Wasser vollsaugen, damit sie ihre Klebekraft entwickeln. Verteilen Sie die Samen nach der kleinen Pause auf der Kokoseinlage, hierbei ist ein Malerpinsel hilfreich.

## 8.

In freie Felder in der oberen Hälfte werden nun die Stäbe der Solar-Lämpchen gesteckt. Sollten diese zu lang sein, werden sie mit einer Metallsäge eingekürzt.
Befestigen Sie abschließend die Aufhänger am oberen Teil der Kugel und hängen Sie die SaLaTerne an einer stabilen Halterung auf.

## KARTOFFELTURM MIT GESCHMACKTSTURBO

Kartoffeln lieben einen vollsonnigen, windgeschützten Platz. Der Boden sollte locker sein. Am besten mischt man Gartenerde mit Sand und Kompost. Bestimmte Kräuter, die gemeinsam angebaut werden, verbessern den Geschmack der Knolle bereits beim Wachstums!

### Material & Werkzeug

4 Kabelbinder, je 4 Gabionengitter 50 x 50 cm sowie 100 × 50 cm, Gabionen-Distanzhalter 3 × 50 cm, Spiralverbinder 4 × 100 cm, 8 × 50 cm, Multifunktionsvlies 2,30 × 1 m, EPDM-Folie 70 × 70 cm, 280 Liter lockere Erde, 12 bis 14 Pflanzkartoffeln, Steine oder Kies; Schere, Cuttermesser

### Empfehlenswerte Kräuter

Für das Kräuterdach: Basilikum, Bohnenkraut, Zimmerknoblauch, Rosmarin.

Für den Geschmacksturbo: Französischer Estragon wirkt sich schon während des Wachstums günstig auf den Geschmack der Kartoffeln aus. Dill kräftigt ebenfalls das Aroma der Nachbarpflanzen. Die sonst gerne wuchernde Minze kann im Turm ihre Potenziale und positiven Eigenschaften ausspielen, denn sie verbessert das Wachstum von Kartoffeln und teils auch deren Geschmack. Da der Turm im Herbst für die Ernte der Kartoffeln geöffnet wird, kann die Minze im Winter in einen Topf umziehen und im nächsten Jahr wieder eingepflanzt werden.

Gabionengitter lassen sich ohne Werkzeug leicht auf- und abbauen. Die Ernte im Turm wird dadurch leichter.

KRÄUTERDACH

RANKPFLANZEN

KARTOFFELPARADIES

1. Spiralverbinder eindrehen.

2. Vlies mit Kabelbindern fixieren.

3. Distanzhalter an Kreuzungspunkten.

4. Erde einfüllen.

5. Kartoffeln pflanzen.

6. Dach zusammenführen.

## Anleitung für Bau & Bepflanzung

1. Für eine reiche Ernte können die Pflanzkartoffeln ab April an einem hellen Ort, z. B. Fensterbrett, in Töpfen vorgezogen werden. Wenn die Triebe nach vier bis sechs Wochen etwa 10 cm hoch sind, geht es dann ins Freie. Die jungen Triebe müssen gut vor Schnecken geschützt werden.

Schneiden Sie für den Bau des Turmes zunächst das Multifunktionsvlies auf die Maße 2,30 × 1 m sowie die Folie auf 70 × 70 cm zu. Verbinden Sie anschließend die vier Gabionengitter (100 × 50 cm) mit den langen Spiralverbindern.

2. Kleiden Sie die Gabione innen mit dem Vlies überlappend aus und befestigen Sie dieses am obe-

ren Rand mit den Kabelbindern. Legen Sie die Folie auf den Boden, so dass eine Wanne entsteht, und füllen Sie mindestens 8 cm hoch Steine oder Kies in die Folienwanne ein.

3. Setzen Sie die Distanzhalter in unterschiedlichen Höhen über Kreuz in der Gabione ein.

4. Hierzu an Kreuzungspunkten in das Vlies schneiden und die Verankerung über den Kreuzungspunkt ziehen. Befüllen Sie dann die Gabione bis zur dritten Gitterreihe mit Erde.

5. Schneiden Sie das Vlies außen am Turm kreuzförmig ein. Setzen Sie die vorgezogenen Kartoffeln von innen ein und führen Sie das Kraut durch die Öffnung. Dann wird weiter mit Erde befüllt. Da die Pflanzen Raum zum Wachsen brauchen, können pro Seite etwa drei bis vier Kartoffeln gepflanzt werden.

6. Verbinden Sie die restlichen vier Gabionengitter (50 × 50 cm) zu einem Dach. Mit Vlies im Frühjahr abgedeckt, funktioniert der Turm für die eingepflanzten Kräuter ähnlich wie ein Frühbeetkasten. Da das junge Kartoffelkraut ebenfalls frostempfindlich ist, wird es bei drohendem Frost zusätzlich mit Vlies geschützt.

7. Sobald wärmere Temperaturen herrschen, meistens ab Mitte Mai, kann das Vlies wieder entfernt werden und in das Dach sowie an die Seiten ziehen die Topfkräuter ein. Zur Befestigung an den Seiten eignen sich Streifen des Mulitfunktionsvlieses. Diese sollten ca. 2 bis 3 cm breit sein. Hier finden auch Arbeitsmaterialien wie Schäufelchen oder Schere ihren Platz.

Im Turm eingesetzte Kräuter bereichern die Küche, unterstützen die Kartoffeln beim Wachstum und im Geschmack. Die ätherischen Öle, die die Pflanzen abgeben, bieten Schutz vor Schädlingen.

Die herzförmigen Blätter der Süßkartoffeln bieten, an Stäben geleitet, einen schönen Blickfang.

## SÜSSKARTOFFEL-TURM

Süßkartoffeln, auch Bataten genannt, stammen wie die Kartoffeln aus Südamerika. Sie sind aber nur weitläufig mit diesen verwandt und ähneln im Aussehen eher unserer Zaunwinde. Damit sich die Wurzeln verdicken, brauchen Süßkartoffeln ein großes Erdvolumen mit vielen Nährstoffen. Nach dem Einpflanzen wird sich das Wachstum der Blätter zurückhalten, bis das Erdvolumen von den Wurzeln erobert wurde. Danach werden die Ranken zügig wachsen. Die Ranken einer Süßkartoffel halten sich nicht von selbst fest, weshalb man sie entweder als Hängepflanze halten kann oder sie mit Schnüren führen muss – im Garten werden die Ranken schnell den Boden bedecken. Süßkartoffeln sollten alle drei Wochen mit Flüssigdünger versorgt werden. Ernten kann man sie dann Ende September bis Anfang Oktober, spätestens sobald der erste Raureif das Blätterwachstum beendet. Danach werden sie für etwa eine Woche bei 25 bis 27 °C und 85 % Luftfeuchtigkeit in der Wohnung gelagert, um Stärke in Zucker umzuwandeln.

# UND SO GEHT'S

Sonne und Wärme gibt es auf dem Balkon und der Terrasse besonders häufig. Der ideale Standort für Süßkartoffeln! Die Exoten mit ihren attraktiven Blättern sind sehr wärmebedürftig und fühlen sich deshalb in einer Isomatte so richtig wohl.

**2.**

Führen Sie die Enden der Isomatte zur Mitte und stecken Sie diese mit drei Sicherheitsnadeln zusammen. Drehen Sie die Matte um und wiederholen Sie den Vorgang.

**1.**

Material & Werkzeug: 1 Isomatte, 6 Bambusstäbe, Vlies 70 × 70 cm, kleiner Sack Blähton, ca. 2 × 30 l Erde, 6 Sicherheitsnadeln, Schnüre, 2 Süßkartoffeln (vorgezogene Jungpflanzen); Schere, großer Topf

**3.**

Schneiden Sie den Sack Erde sauber oben auf, um ihn wiederzuverwenden. Damit eine Dränage in den Sack integriert werden kann, leeren Sie zunächst die Erde in einen großen Topf. Füllen Sie nun in den leeren Erdsack für die Dränage ca. 5 cm hoch Blähton ein. Danach stellen Sie den Sack in die Isomattenrolle und legen ein Stück Vlies als Trennschicht ein. Die Erde wird nun wieder zurück in den Sack gefüllt. Das Gleiche wiederholen Sie für die zweite Isomattenrolle.

## 4.

Die Süßkartoffeln können Sie frühestens nach den Eisheiligen einpflanzen. Am besten setzen Sie sie jedoch erst im Juni, da die Gemüsepflanzen hohe Ansprüche an die Temperaturen stellen. Stecken Sie die drei Bambusstäbe als Stütze mit dazu und binden Sie diese oben mit einer Schnur zusammen.

## 5.

Binden Sie die wachsenden Ranken regelmäßig an den Stangen fest. Am besten leiten Sie die Ranken in Spiralform nach oben, da sie bis zu 2 m lang werden.

## 6.

Ende September können die Süßkartoffeln aus eigenem Anbau geerntet werden. Es gibt zahlreiche leckere Rezepte, denn die Knolle kann vielseitig verarbeitet werden.

**1.** Dekorative Moostöpfe für den Halb-schatten.

**2.** Wenn Sie Licht in schattigere Be-reiche bringen möchten, können Sie den Stab im Moosturm dazu verwen-den, ein Solar-Lämpchen anzubringen.

## MOOSTURM FÜR GEMÜSE IM HALBSCHATTEN

Gemüse liebt Sonne. Aber wächst es auch im Halbschatten? Wie immer schenkt uns die Na-tur Spezialisten, die es ermöglichen, auch auf weniger günstigen Plätzen unsere Wünsche zu erfüllen. Blattsalate und Blattkohlarten lieben die Frühlingssonne. Bei trockener Hitze im Sommer fühlen sie sich nicht wohl. Ein paar Stunden Morgen- und Abendsonne lässt sie aber auch im Sommer gut gedeihen.

Wenn Sie nicht nur schwarze Töpfe im Garten sehen wollen, können Sie diese mit Moos um-manteln. Mit Hilfe einer Sprühflasche lässt sich das Moos feucht halten. Über eine leichte Erfri-schung freut sich auch das Gemüse. Wird das Moos am Topf mit etwas Erde hinterfüttert, bie-tet die Seite sogar Platz für kleine Farne.

### Pflanzen

Gemüse für den Halbschatten: Feldsalat, Pflücksalat, Schnittsalat, Radieschen, Spinat, Mangold, Blumenkohl, Rosenkohl, Buschboh-nen, Erbsen, Kohlrabi, Asia-Salate, Gartenkres-se und Rübstiel. Walderdbeeren passen ebenfalls wunderbar dazu. An die Seiten kommen Farne.

# ANLEITUNG MOOSTURM

Ein paar Stunden Morgen- und Abendsonne oder lichter Schatten lassen im Sommer hitzeempfindliche Gemüse und Salate gut gedeihen. Plastiktöpfe finden sich schnell und mit Moos lässt sich ein Platz für schmückende Farne und Gemüse schaffen.

**1.**
Material & Werkzeug: 3 Töpfe in immer kleiner werdenden Durchmessern, Stange oder Plastikrohr (in Höhe der 3 gestapelten Töpfe), bei Bedarf 1 längere Stange zum Befestigen von Lampen, 1 PET-Flasche in Höhe des größten Topfes, 1 PET-Flasche in Höhe des mittleren Topfes, verzinktes Sechseckgeflecht (Hasendraht), Moos, Kies für größte PET-Flasche; Schere, Drahtzange

**2.**
Schneiden Sie den Draht 4 cm höher ab, wie der Topf hoch ist, und 2 cm länger, wie der Topf lang ist. Legen Sie das Moos so auf den Draht, dass es mit der grünen Seite nach unten zeigt.

**3.**
Platzieren Sie den Topf so, dass oben und unten noch Draht über steht. Den Draht an einem Ende festhalten und zusammen mit dem Topf zum anderen Ende rollen.

**4.**
Verbinden Sie die Drahtenden, indem Sie die bereits aufgeschnittenen Maschen ineinander verhaken und dann umbiegen. Sollten keine losen Drahtenden vorhanden sein, kann auch ein stabiler Faden oder ein dünner Draht zum Verbinden der Seiten verwendet werden.

**5.**

Auf der Topf-
ober- und unter-
seite nun den
überstehenden
Draht umbiegen.

**6.**

Stellen Sie den größten Topf an den
gewünschten Standort. Die Stange
wird in die große PET-Flasche gestellt.
Füllen Sie die Flasche mit Kies auf, damit die Stange sicher steht. Die gefüll-
te Flasche kommt in die Mitte des
Topfes. Der restliche Topf wird mit
Erde aufgefüllt.

**7.**

Schneiden Sie in den nächstkleineren
Topf seitlich am Boden ein Loch, ebenso
in den Boden der PET-Flasche. Topf und
Flasche in der Stange einfädeln. Der Boden des Topfes findet nun Halt auf dem
Rand des ersten Topfes und auf der unteren Flasche. So wird die Erde für die
Pflanzen nicht zu stark komprimiert und
die Pflänzchen können gut wachsen. Der
dritte Topf bekommt wieder ein Loch für
die Stange und kann anschließend mit
Erde befüllt werden. Nun können Sie den
Turm bepflanzen.

**1**

**2**

**3**

**4**

**1.** Abzugsloch

**2.** Blähton für Leichtigkeit.

**3.** Pflanztopf für Stabilität.

**4.** Schüsseln stapeln.

## SONNENTURM – FÜR BALKONE UND ÜBERDACHTE TERRASSEN

Die Südländer unter den Gemüsepflanzen lieben jeden Lichtstrahl, den sie erhaschen können. Durch die Lichtreflektion des Edelstahls erhalten sie mehr Sonnenlicht und können zeigen, welches Temperament in ihnen steckt.
Ein dunkler Hintergrund speichert Wärme, ein heller Hintergrund reflektiert. Je nach Lage der Terrasse oder des Balkons kann wahlweise mehr Licht oder mehr Wärme das Gemüse beim gesunden Wachstum unterstützen.

### Material & Werkzeug

3 Schüsseln in unterschiedlichen Größen, 3 Pflanztöpfe abgestimmt auf die Höhe der jeweiligen Schüsseln, Blähton; Bohrer mit Durchmesser 6 mm

### Geeignete Pflanzen

Pflücksalat, Zichoriensalat, Radieschen, Mangold, Basilikum, Chili, Paprika, Rucola

### Anleitung

1. Bohren Sie seitlich ein Loch in den Boden der kleinen und mittleren Schüssel, in etwa 2 cm Höhe vom Schüsselboden. So kann das Gießwasser ablaufen, gleichzeitig bleibt ein Wasserreservoir für die Pflanzen. Nur die unterste Schüssel erhält kein Loch. Deshalb später beim Gießen in der untersten Schüssel immer erst die Fingerprobe machen, damit sich keine Staunässe bildet.
2. Stellen Sie jeweils einen Topf in die Mitte der Schüsseln und befüllen sie ihn mit Blähton. Dieser dient nun als leichter Abstandhalter für die nächste Schüssel und sorgt dafür, dass die anschließend eingefüllte Erde nicht komprimiert wird, denn Wurzeln brauchen lockeren Boden für gutes Wachstum.

3. Stellen Sie die nächste Schüssel auf den Topf und befüllen Sie die Schüssel mit Erde.
4. Wiederholen Sie den Vorgang, bis alle Schüsseln aufgestapelt sind.

## Bepflanzung

Damit sich die Pflanzen im weiteren Wachstum unterstützen, wählen wir für die Bepflanzung pro Schüssel Mischkulturpartner: Pflücksalat, Zichoriensalat, Radieschen; Mangold, Basilikum, Radieschen, Rucola; Chili, Basilikum, Paprika, Rucola.
Bei starker Hitze macht Salat schlapp. Bei dunklem Hintergrund wird er am besten im Früh-ling gepflanzt und nach dem Abernten durch Peperoni oder Paprika ersetzt. Bei hellem Hintergrund kann er im Sommer und Herbst auf der Rückseite des Sonnenturms ein gutes Plätzchen finden. Da Paprika und Chili viele Nährstoffe benötigen, empfehlen wir das Gemüse alle zwei Wochen mit Bio-Flüssigdünger zu versorgen – selbst gemachte Jauche, gemischt aus Farnblättern und Brennnesseln, unterstützt die Südländer. Wer keinen eigenen Flüssigdünger herstellt, kann einen Gemüsedünger verwenden. Da die Pflanzen viel Licht und Wärme benötigen, sollten die Partnerpflanzen regelmäßig beerntet werden.

Dunkle Hintergründe speichern Wärme, helle Materialien reflektieren Licht.

Kunst und Kultur. Ein Salat-Rad und moderne Pflanzgefäße schaffen lebendige Kunst.

## PFLANZDREIECKE

Moderne Kunst und Natur eröffnen einen neuen Blickwinkel. Es muss nicht ständig etwas blühen, um die Augen zu verzücken. Immer mehr Gemüsesorten finden in kunstvoll arrangierten Blumenbeeten ihren Platz. Vertikales Gärtnern mit Gemüse kann mit Formensprache beeindruckende und essbare Bilder erzeugen.

### Material für 3 Dreiecke

Wasserfest verleimte Holzplatte 10 mm, 1 × 24 × 95 cm, 1 × 24,5 × 95 cm; Universal-schrauben 3 × 20; 3 × Befestigungsmaterial je nach Untergrund sowie wetterfester Holz- oder Acryllack und Substrat

### Werkzeug

Zirkel, Akku-Bohrschrauber, Zwinge oder ruhige Hand, Bohrer (Durchmesser 2,5 mm), Senker

### Geeignete Pflanzen

Peperoni, Auberginen, Paprika, Zierkohl, Salate, Asia-Salate, Rote Melde, Spinat, Früh-

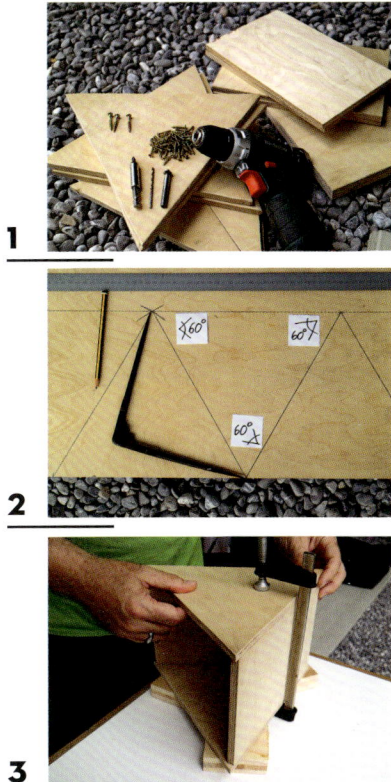

lingszwiebeln, bunte Radieschen, Balkontoma-
ten, Buschbohnen in Gelb, Grün oder Blau,
Rucola, Möhren

## Anleitung

Die Wunder der Natur in Szene gesetzt! Macht
man sich die Schönheit und Struktur der Pflanzen zu Nutze, kann man moderne Akzente
setzen.

– Zeichnen Sie die gleichseitigen Dreiecke auf
der 24 × 95 cm Platte auf – dabei wird endlich
das Schulwissen aus der Geometrie nützlich,

**1.** Dünne Holzplatten lassen sich
gut verarbeiten.

**2.** Die gleichseitigen Dreiecke
mit Zirkel zeichnen.

**3.** Eine Zwinge fixiert die Seitenteile zum Bohren.

**1.** Dreidimensionale Kunst gestalten.

**2.** Moderne Formen und Farben lassen Blattstrukturen zu besonderen Werken wachsen.

wie man ein gleichseitiges Dreieck nur mit Zirkel konstruiert! Für die 24 cm „hohe" Platte ergibt sich dabei eine Seitenlänge der Dreiecke von etwa 27 cm und aus der Länge von 95 cm ergeben sich sechs Dreiecke für drei Pflanzdreiecke.

— Sägen Sie nun die Dreiecke aus, die Dicke des Sägeblattes muss dabei nicht mit einbezogen werden. Die zweite Platte wird in sechs je 15 cm breite Streifen von 24,5 cm Länge für die Seitenwände geteilt. Alle Schnittkanten etwas abschleifen.

— Verbinden Sie die Front- und Rückseiten mit den Seitenteilen. Da die Kanten der Seiten rechtwinklig und nicht auf Gehrung geschnitten sind, treffen sich die beiden Seitenteile etwas oberhalb der unteren Spitze des Dreiecks. Deshalb sind die Seitenteile auch

etwas kürzer als die Seiten der Dreiecke. Für das Ausrichten und Festhalten der Teile ist eine Zwinge hilfreich. Für sauber sitzende Schrauben ist es sinnvoll, vorzubohren und danach die Schrauben einzusenken.

— Lackieren Sie die Pflanzdreiecke mit wetterfestem Holz- oder Acryllack. Hier können Sie Ihrer Kreativität freien Lauf lassen. Betrachten Sie die Strukturen der Pflanzen oder nutzen Sie Kontraste, um Farbe und Leben auf Ihren Balkon zu bringen.

— Montieren Sie die fertigen Pflanzdreiecke mit passendem Befestigungsmaterial an der Wand. Sie können als zusätzlichen Schutz für die Wand vor dem Bepflanzen eine Folie einlegen. Wenn Sie die Dreiecke übereinander aufhängen, dürfen die oberen Abzugslöcher bekommen.

# SALAT-RAD

Ein modernes Pflanzenbild für Autofans. Beim Streifzug durch die Garage und den Keller entdeckt man lauter tolle Sachen, die eine neue Aufgabe bekommen können.

**1.**
Material & Werkzeug: 2 Radkappen (Radzierblenden), starker Draht, Folie, 2 Schrauben oder Nägel, bei Bedarf 2 Dübel; Drahtzange, Schere

**2.**
Kleiden Sie die erste Radkappe innen mit Folie aus. Die Folie muss so groß geschnitten sein, dass sie für beide Radkappen reicht, wenn sie umgeschlagen wird.

**3.**
Befüllen Sie die Folie mit angefeuchteter Erde. Drücken Sie anschließend die Erde gut an. Rinnt beim Zusammendrücken der Erde Wasser heraus, hat man es mit dem Anfeuchten übertrieben. Die Erde sollte ca. 1 bis 2 cm höher als der Rand sein, damit sich später beim Zusammenfügen der beiden Hälften keine großen Hohlräume bilden.

**4.**
Schlagen Sie die Folie um und legen Sie die zweite Radkappe auf.

## 5.

Winden Sie ein Drahtstück zweimal um die Seitendrähte der Radkappen, um diese gut miteinander zu verbinden. Machen Sie dies an jeder der Öffnungen, damit die Radkappen durch das Gewicht später nicht auseinanderfallen. Verwenden Sie keine Kabelbinder, da diese bei Sonnenlicht irgendwann spröde werden und brechen.

## 6.

Hängen Sie die Radkappen auf. An einer Holzwand können Sie Schrauben verwenden, an einer gemauerten Wand sollten Sie dübeln. Haken Sie die Ausschnitte der Radkappe in den Schrauben ein. Schneiden Sie danach zum Bepflanzen Schlitze in die Folie. Die Salatsetzlinge gut wässern (ca. 1 Stunde), bevor sie in die Radkappe eingepflanzt werden. Pro Radkappenöffnung ein Salatsetzling.

Um das Salat-Rad nach dem Bepflanzen zu bewässern, können Sie oben im Zwischenraum der Radkappen (bei den Halteklammern) ein Loch in die Folie schneiden und dort einen Trichter zum Gießen einsetzen. Die Pflanzöffnungen lassen sich ergänzend mit einer Sprühflasche feucht halten.

## 7.

Geeignete Salate für das Salatjahr sind im Frühling Feldsalat, Pflücksalat, Kopfsalat und Schnittsalat; im Sommer Kopfsalat, Pflücksalat, Zuckerhut, Radicchio, Chinakohl; im Herbst Feldsalat, Asia-Salate, Chinakohl; im Winter Feldsalat. Ist der Salat abgeerntet, kann das Rad leicht geöffnet werden und Sie können mit neuer Erde in die nächste Salatjahreszeit starten. So haben Sie bis zum Frost immer frischen Salat. Am Ende jeder Salatsaison eignet sich die durchwurzelte Erde aus der Radkappe zum Füttern des Wurmprojektes, siehe Seite 15.

**SALAT-RAD**

**SONNENTURM**

# GEMÜSE
# FÜR
# VERTIKALE
# GÄRTEN

## FRUCHTGEMÜSE

### BALKONTOMATEN
— *Geeignet für kleine Projekte und Töpfe ab 14 cm Durchmesser*

**SORTEN** 'Primabell' ca. 30 cm hoch, 'Balkonstar' ca. 40 cm, 'Bogus Fructa' ca. 40 cm

### BUSCHTOMATEN
— *Geeignet für mittelgroße Projekte, Erdvolumen ca. 10 bis 15 Liter*

**SORTEN** 'Hoffmanns Rentita' ca. 50 cm hoch, 'Rotkäppchen' ca. 60 cm, 'Gold Nugget' ca. 80 cm hoch mit goldgelben, kleinen Früchten

**AUSSAAT** Ab Ende Februar bis Mitte März im Haus, Auspflanzen nach den Eisheiligen

**STANDORT** Südwestliche Lage, windgeschützte Plätze, Regenschutz wenn möglich

**PFLEGE** Mit Wasser in Zimmertemperatur gießen, immer direkt auf die Erde, nicht auf die Pflanzen. Einen kalibetonten Dünger verwenden. Organische Dünger, Depotdünger immer nach Empfehlung des Herstellers einsetzen. Wer Flüssigdünger verwendet, sollte alle zwei bis drei Wochen von Mitte Juni bis Anfang August düngen. Balkon- und Buschtomaten müssen nicht ausgegeizt werden!

**ERNTE** Je nach Sorte von Juli bis Oktober

### CHILI
— *Für kleine Projekte und Töpfe ab 14 cm sowie für mittelgroße und große Projekte ab Topfgröße 26 cm*

**SORTEN** 'Naschzipfel' ca. 25 cm hoch mit milden bis süßen Früchten für kleine Projekte. Sorte 'Loco', deren Früchte von Grün über Violett nach Rot ausreifen, mittlerer Schärfegrad 4. 'Chenzo' bildet schwarze nach rot abreifende Früchte und kommt mit wechselnden Temperaturen im Freiland gut zurecht, Schärfegrad 6. Beide Sorten für mittlere bis große Projekte.

**AUSSAAT** Ab Februar bei 22 bis 25 °C im Haus, Jungpflanzen frühestens ab Mitte Mai auspflanzen

**STANDORT** Sonnig und warm, geschützt vor Regen und Wind

**PFLEGE** Chilis mögen keine Staunässe, daher für guten Wasserabzug sorgen. Direkt auf die Erde gießen, nicht auf die Blätter. Die Pflanzen lieben Nährstoffe, am besten jedoch nicht zu viel auf einmal geben, dafür kontinuierlich alle zwei Wochen mit Flüssigdünger versorgen, hier eignet sich auch biologischer Beerendünger.

**ERNTE** Die Schoten können zwischen August und Ende Oktober geerntet werden. Je länger die Früchte reifen, desto intensiver werden ihr Schärfegrad und ihr Geschmack.

# GURKEN
—— *Für mittelgroße und große Projekte ab einem Erdvolumen von 20 Litern*

**SORTEN** 'Delikateß' mit mittellangen Früchten als Salat- oder Einlegegurke (altbewährt und sehr ertragreich), 'Sonja' als Salat- und Freilandgurke sehr widerstandsfähig, Minigurke 'Quatro' mit kernlosen, bitterfreien Früchten, optimale Erntegröße bei 7 bis 8 cm

**AUSSAAT** Mitte Mai bis Mitte Juni, Jungpflanzen ab Mitte Mai auspflanzen

**STANDORT** Süd-Südwest-Seite, warm und gern mit hoher Luftfeuchtigkeit, windgeschützt

**PFLEGE** Gurken ranken gern, sie lieben gleichmäßige Feuchtigkeit, also gießen nicht vergessen. Da sie Starkzehrer sind, verwendet man einen Langzeitdünger oder düngt mit Flüssigdünger alle zwei Wochen.

**ERNTE** Von Juli bis Oktober

## HÜLSENFRÜCHTE

## BUSCHBOHNEN
—— *Für kleine Projekte ab einer Topfgröße von 14 cm*

**SORTEN** Frühreif und reich tragend ist 'Maja', ebenso die Sorte 'Marona', die auch in trockenen Jahren noch eine gute Ernte liefert (für Südbalkone interessant). 'Saxa' ist robust bei kühlerer Witterung und deshalb für Früh- und Spätaussaaten geeignet.

## SCHMUCKBOHNEN
—— *Für mittlere und große Projekte ab einem Topfdurchmesser von 23 cm*

**SORTEN** 'Hestia' blüht sehr üppig mit schönen, weiß-roten Blüten und entwickelt wohlschmeckende Hülsen, gedrungener Wuchs. 'Purple Teepee' hat blauviolette Hülsen über dem Laub, diese werden beim Kochen dunkelgrün.

**AUSSAAT** Ab Anfang Mai bis Anfang Juli. Reihensaat im Abstand von 40 cm pro Reihe und 40 cm bis zum nächsten Samenkorn, oder Horstsaat mit 40 cm Abstand mit vier bis sechs Körnern pro Saatloch.

**STANDORT** Sonnig bis halbschattig

**PFLEGE** Von der Blüte bis zur Ernte der Hülsen haben Bohnen den größten Wasserbedarf. Eine leichte Startdüngung (in gekaufter Erde bereits vorhanden) genügt, da sie Schwachzehrer sind.

**ERNTE** Die jungen Hülsen ernten, bevor sie dicke Körper ausbilden, dann bildet die Pflanze viele weitere Triebe. Während der Haupterntezeit sollte alle drei Tage gepflückt werden.

## PFLÜCKSALAT

—— *Für kleine Projekte und Töpfe ab 14 cm*

**SORTEN** 'Lollo Rosso' mit roten bis rotbraunen Blättern, 'Lollo Bionda' mit gelblichen bis hellgrünen Blättern. Vom Eichblattsalat gibt es grüne und rötlich braune Sorten, sie sind zart und haben einen leicht nussigen Geschmack.

## SCHNITTSALAT

—— *Für mittelgroße Projekte ab 10 Liter Erdvolumen*

**SORTEN** 'Venezianer' ist eine alte, schnell und stark wachsende Sorte.

**AUSSAAT** Ab März in Folgesaaten

**STANDORT** Sonnig bis schattig

**PFLEGE** Gießen und düngen

**ERNTE** Bleibt das Herz von Pflücksalaten stehen, bilden sich immer wieder neue Blätter. Schnittsalat wird in Reihen ausgesät und wie der Name sagt, für die einmalige Ernte abgeschnitten. Es kann ein bis zwei Monate nach der Aussaat geerntet werden.

## RUCOLA

—— *Für mittelgroße Projekte und Töpfe ab 23 cm Durchmesser*

**SORTEN** Garten-Senfrauke ist einjährig und etwas milder als die mehrjährige Wilde Rauke.

**AUSSAAT** Ab März bis Juni, Jungpflanzen ab April auspflanzen

**STANDORT** Halbschattig bis schattig

**PFLEGE** Rucola ist unkompliziert und nimmt es einem nicht übel, wenn es hin und wieder etwas trockener ist. Gedüngt wird jeweils nach Ernte der Blätter.

**ERNTE** Nach ca. sechs bis acht Wochen. Wer nicht zu dicht über dem Boden abschneidet, kann etwa drei- bis viermal ernten, da die Pflanze nachwächst.

## MANGOLD
—— *Ab einer Topfgröße von 20 cm Durchmesser*

**SORTEN** 'Bright Lights' ist eine attraktive Sorte mit bunten Stielen in Weiß, Gelb, Grün, Rot. 'Rhubarb Chard' ist ein Stielmangold, seine langen, roten Stiele und rot überhauchten, krausen Blätter bieten Abwechslung. 'Lukullus' hat weiße Stiele und üppige, grüne Blätter.

**AUSSAAT** Ab März / April. Jungpflanzen ab April bis Juli auspflanzen.

**STANDORT** Sonne bis Halbschatten

**PFLEGE** Mangold ist ein Mittelzehrer, er wird alle zwei bis drei Wochen gedüngt. Er kann auch mit Stickstoffdünger wie Brennnesseljauche versorgt werden.

**ERNTE** Etwa vier Wochen nach der Pflanzung können von außen nach innen Stiele und Blätter abgedreht werden. Wer jeweils nur ein Drittel der Pflanze aberntet, bekommt immer wieder frisches Erntegut, da die Pflanze nachwächst. Blätter und Stiele werden wie Spinat zubereitet.

## STANGENSELLERIE
—— *Für kleine Projekte und Töpfe ab 14 cm Durchmesser*

**SORTEN** 'Darklet' kann bei früher Aussaat ab Ende Februar bereits im Juli geerntet werden. Die Sorte 'Spartacus' wird ca. 50 cm hoch. 'Tall Utah' ist eine hohe und ertragreiche Sorte mit Erntezeit ab Mitte August.

**AUSSAAT** Februar bis Mitte März im Haus vorziehen, Auspflanzen der Jungpflanzen von Mitte Mai bis Juli

**STANDORT** Sonnig bis halbschattig

**PFLEGE** Die Pflanzen brauchen eine gute Wasser- und Nährstoffversorgung, düngen mit Flüssigdünger alle zwei bis drei Wochen.

**ERNTE** Von außen die Blätter und Stiele abdrehen. Immer nur ein Drittel ernten, damit die Pflanze nachwächst.

## ZIERKOHL
—— *Für kleine Projekte und Töpfe ab 14 cm Durchmesser*

**SORTEN** 'Sunrise', 'Sunset', 'Hatsuyume' mit Pflanzengröße ca. 20 bis 40 cm

**AUSSAAT** Im Juni / Juli. Pflanzen im August / September einsetzen.

**STANDORT** Sonnig bis halbschattig. Je sonniger sie stehen, desto farbiger werden sie.

**PFLEGE** Beim Gießen darauf achten, dass die Pflanzen nicht in Staunässe stehen. Alle zwei Wochen mit Flüssigdünger versorgen, sehr gut eignet sich ein kalibetonter Dünger. Sobald die Temperaturen unter 10 °C fallen, entwickeln sich die pflanzentypischen Farben und leuchten besonders intensiv.

**ERNTE** Zierkohl ist essbar und liegt geschmacklich zwischen Blumenkohl und Brokkoli. Er ist reich an Vitamin A und C und enthält außerdem Kalium, Phosphor, Kalzium und Eisen. Wer länger Freude an den schönen Blättern haben möchte, kann auch einzelne Blätter von außen nach innen abernten.

## WURZELGEMÜSE

## BATATEN / SÜSSKARTOFFELN
—— *Für große Projekte ab 30 Liter Erdvolumen*

**SORTEN** Orange-, weiß- und rotfleischige Sorten für den heimischen Anbau verfügbar, z. B. 'Beauregard', 'Orleans', 'Evangeline', 'Bonita', 'Erato Orange', 'Murasaki'

**PFLANZUNG** Nach den Eisheiligen im Mai, besser jedoch ab Juni, da die Pflanzen kälteempfindlich sind

**STANDORT** Sonnig, möglichst warm

**PFLEGE** Regelmäßiges Gießen, Dränage und gute Feuchtigkeitskontrolle mit der Fingerprobe tun den Pflanzen gut, da die Knollen keine Staunässe mögen. Ab Ende Juni bis September alle drei Wochen düngen.

**ERNTE** So lange wie möglich in der Erde lassen, da die Knollen erst im Herbst an Größe gewinnen. Spätester Erntetermin ist nach dem ersten Frost. Damit Süßkartoffeln eine gute Süße entwickeln, werden die Knollen für eine Woche bei 25 bis 27 °C und etwa 85 % Luftfeuchtigkeit gelagert.

# KARTOFFELN

—— *Geeignet ab mittelgroßen Projekten, Erdvolumen ab 20 Liter*

**SORTEN** 'Belle de Fontenay' ist eine sehr frühe Kartoffelsorte mit hervorragendem Geschmack, sie benötigt regelmäßige Wassergaben. 'Linda' gehört zu den mittelfrühen Sorten, tiefgelb und festkochend mit einem intensiven, leicht süßlichen Geschmack. 'Nicola' ist eine mittelfrühe Sorte, festkochend und aromatisch. Sie verzeiht es, wenn sie auch einmal etwas trockener steht.

**PFLANZUNG** Vorziehen ab Februar im Haus, indem man die Knollen an einen hellen, kühlen Ort stellt. Auspflanzen März / April. Die Reifezeit bis zur Ernte früher Kartoffelsorten beträgt 90 bis 110 Tage, bei mittelfrühen Sorten liegt sie bei 120 bis 140 Tagen.

**STANDORT** Sonnig

**PFLEGE** Kartoffeln lieben humusreichen Boden und gelten als Starkzehrer, sie werden alle zwei bis drei Wochen gedüngt.

**ERNTE** Frühe Kartoffelsorten ernten, wenn das Kraut noch grün ist, sie haben eine Lagerzeit von maximal 14 Tagen. Bei mittelspäten und späten Sorten bleiben die Knollen noch drei Wochen in der Erde, nachdem das Kraut abgestorben ist.

# MÖHREN

—— *Ab einem Pflanzgefäß in der Größe und Tiefe einer Obstkiste (Maße 50 × 35 × 25 cm)*

**SORTEN** 'Pariser Markt' mit kugeliger Form und intensiver, orangeroter Farbe. Für Farbe auf dem Teller sorgt 'Purple Haze', ihre Rüben sind außen violett und innen orangefarben.

**AUSSAAT** Ab März bis Mitte Juni im Abstand von 2,5 × 25 cm, zwischen den Reihen Platz lassen. Es dauert ca. 20 Tage, bis die ersten Keimblätter zu sehen sind.

**STANDORT** Warm und sonnig, am besten mit etwas Wind

**PFLEGE** Möhren mögen zwar sonnige Standorte, wollen aber nicht austrocknen. Deshalb regelmäßig gießen und alle sechs bis acht Wochen nach dem Aussäen mit kalibetontem Gemüsedünger versorgen. Bei Standorten mit Möhrenfliegenbefall kann der gemeinsame Anbau mit Zwiebeln Abhilfe schaffen.

**ERNTE** Etwa 10 Wochen nach der Aussaat

**BEGLEITER**

## LAVENDEL
— *Für kleine bis mittlere Projekte ab 14 cm Durchmesser*

**SORTEN** 'Hidcote Blue' besticht durch angenehmen Duft.

**PFLANZUNG** Liebt magere, kiesig bis sandige Böden, daher sollte die Erde bei der Pflanzung mit diesen gemischt werden.

**STANDORT** Sonnig

**PFLEGE** Gedüngt wird einmal mit Langzeitdünger im Frühjahr.

**ERNTE** Blütenstiele nach dem vollständigen Aufblühen ab Juni

## BASILIKUM
— *Für kleine Projekte und Töpfe ab 14 cm Durchmesser*

**SORTEN** 'Genoveser', 'Purple Delight' (rotblättrig), 'Thai' mit süßlichem Geschmack, ähnlich einer Mischung aus Anis und Lakritze

**AUSSAAT** Ab März im Haus, Auspflanzen ab Juni

**STANDORT** Sonnig bis Halbschattig, warm, windgeschützt

**PFLEGE** Basilikum möchte in Töpfen immer über den Untersetzer gegossen werden. In größeren Projekten die Erde gießen, niemals die Blätter. Einmal im Monat düngen.

**ERNTE** Nach ca. sechs Wochen, je nach Bedarf

## ERDBEEREN
— *Für kleine bis mittlere Projekte ab 14 cm Durchmesser*

**SORTEN** Hängeerdbeere 'Hummi®' ist mehrfachtragend mit Ranken, an denen ebenfalls Früchte heranreifen. 'Viva Rosa' hat rosarote Blüten und ist mehrfachtragend mit mittelgroßen, wohlschmeckenden Beeren.

**PFLANZUNG** Einfach Ableger (Kindel) abschneiden und einpflanzen

**STANDORT** Sonnig bis halbschattig

**PFLEGE** Erdbeeren lieben humosen, lockeren Boden. Sie werden alle vier bis fünf Wochen mit organischem Beerendünger versorgt.

**ERNTE** Mehrfachtragende Sorten von Juni bis zum Frost

# WEITERE GEMÜSEARTEN

| GEMÜSEARTEN | PROJEKTGRÖSSE / AUSSAAT / PFLANZUNG | PFLEGE | ERNTE |
|---|---|---|---|
| ASIA-SALATE | ab 14 cm Ø / ab Februar / ab März mit Folgesaaten | anspruchslos, halbschattig bis sonnig | ab Mai |
| AUBERGINE | ab 20 cm Ø / ab Februar / ab Mitte Mai | pflegeintensiv, sonnig, sehr warm | ab Anfang August |
| BLUMENKOHL | ab 20 cm Ø / ab März / ab April mit Folgesaaten | humoser Boden, Starkzehrer, halbschattig bis sonnig | ab Juni |
| BROKKOLI | ab 20 cm Ø / ab März / ab April mit Folgesaaten | humoser Boden, Starkzehrer, halbschattig bis sonnig | nach ca. 7 Wochen |
| ERBSEN | ab 30 cm Ø / ab März / April mit Folgesaaten | anspruchslos, halbschattig bis sonnig | ab Juni |
| FELDSALAT | ab 14 cm Ø / Juli bis Aug. / Direktsaat | anspruchslos, halbschattig bis sonnig | November bis Januar |
| FENCHEL | ab 23 cm Ø / ab Februar / ab April | humoser Boden, anspruchslos, sonnig | ab Juni |
| FRÜHLINGS-ZWIEBELN | ab 20 cm Ø / ab Februar / ab März | lockerer Boden, anspruchslos, sonnig | ab Juni |
| GRÜNKOHL | ab 30 cm Ø / Mai / Juni | humoser Boden, Starkzehrer, halbschattig bis sonnig | ab September |
| KOHLRABI | ab 20 cm Ø / ab März / ab April | humoser Boden, Mittelzehrer, halbschattig bis sonnig | 8 bis 12 Wochen nach Pflanzung |
| KRESSE | ab 14 cm / ganzjährig im Haus / ab März | anspruchslos, halbschattig bis sonnig | 2 bis 3 Wochen nach Aussaat |
| KULTUR-LÖWENZAHN | ab 20 cm Ø / ab März / ab April | anspruchslos, halbschattig bis sonnig | kontinuierlich junge Blätter |

| GEMÜSEARTEN | PROJEKTGRÖSSE / AUSSAAT / PFLANZUNG | PFLEGE | ERNTE |
|---|---|---|---|
| SOMMER-LAUCH | ab 30 cm Ø / ab Januar / ab März | humoser Boden, Mittelzehrer, halbschattig bis sonnig | Juli bis Ende August |
| MIKROGEMÜSE | ab 14 cm Ø / ganzjährig im Haus | anspruchslos, halbschattig bis sonnig | ca. 2 bis 3 Wochen nach Aussaat |
| RADIESCHEN | ab 14 cm Ø / ab Februar / ab März | anspruchslos, halbschattig bis sonnig | ca. 6 Wochen nach Aussaat |
| RETTICH | ab 30 cm Ø / ab April / ab Mai | humoser Boden, Mittelzehrer, halbschattig bis sonnig | ca. 8 bis 10 Wochen nach Aussaat |
| ROSENKOHL | ab 30 cm Ø / Mai / Juni | humoser Boden, Starkzehrer, halbschattig bis sonnig | ab September |
| ROTE BETE | ab 20 cm Ø / ab Mitte April / Mai | anspruchsvoll, Mittelzehrer, halbschattig bis sonnig | 3 bis 4 Monate nach Aussaat |
| ROTKOHL | ab 30 cm Ø / April / Mai | humoser Boden, Starkzehrer, halbschattig bis sonnig | ab September |
| RÜBSTIEL | ab 14 cm Ø / ganzjährig im Haus / ab März im Freiland | lockerer Boden, Mittelzehrer, schattig bis sonnig | 5 bis 7 Wochen nach Aussaat |
| SPINAT | ab 20 cm Ø / März / Mai oder Herbstsaat | anspruchslos, halbschattig bis schattig | 6 bis 8 Wochen nach Aussaat |
| ZUCKERERBSEN | ab 30 cm Ø / ab April / Mai mit Folgesaaten | anspruchslos, halbschattig bis sonnig | ab Juni / Juli |
| ZWIEBELN | ab 30 cm Ø / ab März mit Steckzwiebeln | humoser Boden, Mittelzehrer, sonnig | ab August |

# Nützliche Adressen

## NÜTZLICHES & NÜTZLINGE

**NABU Naturschutzbund Deutschland e. V.**
Charitéstr. 3
10108 Berlin
E-Mail: NABU@NABU.de
*www.nabu.de*

**Katz Biotech AG**
An der Birkenpfuhlheide 10
15837 Baruth
E-Mail: info@katzbiotech.de
*www.katzbiotechservices.de*

## PFLANZEN

**Lubera Deutschland und Österreich**
Im Vieh 8
D-26160 Bad Zwischenahn/OT Ekern
E-Mail: info@lubera.com
*www.lubera.com*

**Rühlemann's Kräuter & Duftpflanzen**
Auf dem Berg 2
27367 Horstedt
Tel.: (0 42 88) 92 85 58
E-Mail: info@ruehlemanns.de
*www.ruehlemanns.de*

**Bingenheimer Saatgut AG**
Kronstr. 24–26
61209 Echzell-Bingenheim
Tel.: (0 60 35) 18 99-0
E-Mail: info@bingenheimersaatgut.de
*www.bingenheimersaatgut.de*

**Staudengärtnerei Gaissmayer**
Jungviehweide 3
89257 Illertissen
Tel.: (0 73 03) 72 58
E-Mail: info@gaissmayer.de
*www.pflanzenverand-gaissmayer.de*

## METALLFARBEN

**Branth-Chemie A. V. Branth KG**
Biedenkamp 23
21509 Glinde
Tel.: (0 40) 36 97 40-0
E-Mail: Branth-Chemie@t-online.de
*www.branth-chemie.de*

## PALETTEN

**Ernst Handelsgesellschaft mbH**
Lilienthalweg 20
72124 Pliezhausen
Tel.: (0 71 27) 97 35-0
E-Mail: info@ernst-handel.de
*www.ernst-handel.de*

## GARTENFOLIEN

**Reinhold NOOR International GmbH & Co. KG**
Raiffeisenstr. 3
68519 Viernheim
Tel.: (0 62 04) 96 82-0
E-Mail: info@noor.eu
*www.noor.eu*

# Register

## BILDNACHWEIS

215 Farbfotos wurden von Rebekka Maag, Lechbruck, für dieses Buch aufgenommen.
Weiteres Farbfoto von Birgit Grimm, Seite 68 Nr. 6.

## IMPRESSUM

Umschlaggestaltung von Gramisci Editorialdesign/Claudia Geffert, München, unter Verwendung eines Farbfotos von newmediaimages/Susanne Helmold, Hamburg (Umschlagvorderseite) und eines Farbfotos von Rebekka Maag, Lechbruck (Umschlagrückseite).

Mit 217 Farbfotos.

Alle Angaben in diesem Buch sind sorgfältig geprüft und geben den neuesten Wissensstand bei der Veröffentlichung wieder. Da sich das Wissen aber laufend in rascher Folge weiterentwickelt und vergrößert, muss jeder Anwender prüfen, ob die Angaben nicht durch neuere Erkenntnisse überholt sind. Dazu muss er zum Beispiel Beipackzettel zu Dünge-, Pflanzenschutz- bzw. Pflanzenpflegemitteln lesen und genau befolgen sowie Gebrauchsanweisungen und Gesetze beachten. Die Blütenfarben sind sortenabhängig, daher können auch Farben auf dem Markt sein, die im Buch nicht genannt werden. Die Blütezeiten sind ebenfalls sortenabhängig, aber auch klima- und standortabhängig. Die angegebenen Wuchshöhen und -breiten der Pflanzen sind Mittelwerte. Sie können je nach Nährstoffgehalt des Bodens variieren. Verschiedene Sorten können deutlich größer oder auch kleiner wachsen als die Art.

Unser gesamtes Programm finden Sie unter **kosmos.de.**
Über Neuigkeiten informieren Sie regelmäßig unsere
Newsletter, einfach anmelden unter **kosmos.de/newsletter**

Gedruckt auf chlorfrei gebleichtem Papier

© 2018, Franckh-Kosmos Verlags-GmbH & Co. KG, Stuttgart.
Alle Rechte vorbehalten
ISBN 978-3-440-15958-3
Redaktion: Birgit Grimm
Gestaltungskonzept: GRAMISCI Editorialdesign, Cornelia Sekulin, München
Gestaltung und Satz: Katrin Kleinschrot, Stuttgart
Produktion: Klaus Jost
Druck und Bindung: Westermann Druck Zwickau GmbH, Zwickau
Printed in Germany / Imprimé en Allemagne

FSC
www.fsc.org
MIX
Papier aus ver-
antwortungsvollen
Quellen
FSC® C110508

# Die Autoren

*Ein Kreativhaushalt. Garten, Literatur & Lifestyle.*

### SIBYLLE MAAG

Ist Designerin und Unternehmerin. „Die Zukunft, in der du leben willst" ist die Vision, die sie und alle ihre Unternehmungen samt Familie antreibt. Aus ihrer Gartenleidenschaft geboren, gründete sie 2004 das Kreativgelände Paradiesgarten Maag, indem Erfindungen wie der KUBI – ein ganzer Garten auf 1 m² – entstanden.

### MICHAEL MAAG

Ist Designer und Ingenieur. Menschen und Natur liegen ihm sehr am Herzen. Er führt die Seminare im Paradiesgarten und hält seit über 13 Jahren Vorträge zu Umweltthemen. In seinen Konzeptionierungen und Designs findet er immer neue Wege, umweltgerecht zu handeln. Die Designs, die er zusammen mit Sibylle Maag kreiert, begeistern unter dem Motto „schön & nützlich" Menschen aus der ganzen Welt.

### REBEKKA MAAG

Ist junge Autorin und Künstlerin. Das geschriebene Wort hat sie schon immer fasziniert und mit Stift und Pinsel kreiert sie neue Welten. Die Motive für dieses Buch wurden von ihr fotografiert. Aufgewachsen im Paradiesgarten hat sie bereits mit 24 Jahren ein breites Wissen über das Gärtnern, weshalb sie das Kapitel Grundlagen in diesem Buch verfasst hat.